説示なしでは
裁判員制度は
成功しない

五十嵐二葉

現代人文社

まえがきに代えて──本書の目的と範囲

　裁判員法が成立して4年近く、「自分が裁判員に選ばれても参加したくない」人はむしろ増えている[1]。最高裁・法務省の莫大な予算を掛け（本書68頁）、「やらせ」すら伴ったPRにもかかわらず、世論調査の「参加したくない」は裁判員法成立時よりむしろ増加し、国民は「裁判員制度はいらない」[2]が「民意」だ、と言っているようだ。

　しかし、反対論には全く耳を貸すことなく既定路線を「粛々と進める」昨今の政権党のもと、そもそも財界と共同で始めた司法制度改革の中で矢継ぎ早に成立、実施されていった一連の司法の迅速化法の目玉と言われた裁判員法を「いらない」と言えば廃止できるわけではない一方、「消費者である市民がノーと言う制度は全部つぶれる」という脳天気な誤解のもと「とにかく裁判員制度が動いていなければ考えようがない」「将来陪審を選ぶかどうかも将来の市民が決めること」[3]と、自らが制定に関わったこの制度の成り行きを「市民」に責任転嫁する[4]ことも許されることではない。

　日本弁護士連合会が長年の陪審論を携えて臨んだはずの司法制度改革推進本部裁判員制度・刑事検討会は、陪審制とは基本的に相容れない裁判官と市民との「協働」評議という制度をつくってしまった。

　この国では、少なくともこと刑事手続法については、一たん条文化された制度が、実務の中で、近代化＝国際人権水準への方向、つまり（本来の意味で刑事手続の「消費者である市民」の地位にある）被疑者・被告人の権利保護の方向に、解釈・運用されるようになっていった例は、戦前・戦後を問わず、一つもない。

---

[1] 読売新聞2007年1月16日朝刊は同社が法成立直後に行った世論調査より2006年末に行った調査の方が6％増えたとしている。
[2] 高山俊吉『裁判員制度はいらない』（講談社、2006年）。
[3] 対談1四宮啓×伊佐千尋「裁判員制度は陪審員制度の一里塚になるか」中の四宮発言部分（伊佐千尋『裁判員制度は刑事裁判を変えるか』〔現代人文社、2006年〕218頁）。
[4] 伊佐千尋を共同代表とする「陪審を考える会」は、長い運動の歴史を持ちながら、裁判員法の立法過程で司法改革審議会のメンバーに「意図的に加えられていない」（同書・伊佐発言、同176頁）。そのような団体にすら属さない「市民」がどのようにして裁判員制度の固まった中で陪審制度を「選ぶ」ことができるのか。

「このように深刻な対立のある重大な問題については、必要な解決が先送りされ、すべて成り行きに任される。そうすると事態の進展は力関係に任され、力の強いもののリードによって動いて行くことにならざるを得ない。かくして、自力による改革能力、自浄能力は失われ、改革は、大きな政治的変革があるか強い外力が加わったような場合にしか行われないことになる」[5]のが歴史が示す現実だ。

ときに無理解や退嬰性も含まれる「民意」[6]に、制度に携わる者が常にそのまま従う必要はない。しかし裁判員制度に市民の反対がいっこうに減らないのは、無理解や退嬰性だけが理由なのか。「参加してみる前は嫌だったが、参加してみたら意義のある仕事だった」と言わせることができる制度を、最高裁や法務省は用意しているのか。それを検証し、充分な論議を尽くすことなく成立させられた法律ではあるが、実務化にあたって、できる限り「市民参加」司法と呼べる制度に近づけるべく、なお努力をするのが、法曹界の一端に身を置く者の責任ではないのか。制度の結果を受けるのは「裁判員」と呼ばれ「被告人」と呼ばれる国民なのだ。

これまでの日本の刑事司法の仕組みは「『犯罪にかかわる世界』と『一般市民の日常生活』に境界を設けることによって」「市民を犯罪にかかわる世界から隔離し」てきたのであり、裁判員制度の導入を機に「知ろうとしない市民」「市民側の未成熟さと統治側の隠蔽体質を同時に正さなければならない」[7]という方向付けは誠に正しい。しかしすでに成立してしまっている裁判員法、そして2年後の実施に向けて裁判所や検察庁で用意されているであろうその具体的手続は、それを実現するものだろうか。各地で行われた模擬裁判では裁判員役の市民が「裁判官意見に『それなら私も』」[8]と従う場面が多発している。

---

5) 石松竹雄「刑事訴訟の実態と立法の課題」（犯罪と刑罰15号〔2002年〕75頁）の刑法読書会。引用中「このように深刻な対立のある重大な問題」とはこれに先立つ文中の「刑事訴訟の基本構造と冤罪の関係」＝石松元裁判官が終生を掛けて取り組んできた問題＝を指す。戦後英米法化したはずの刑事手続は「力の強いもの」である捜査・司法当局の不断の「リード」によって、人質司法・自白中心・書面主義といわれる現在の運用に形成されてきた。
6)「民意の調査」popularity pollsは、輿論opinion pollsではない。最近メディアもこの区別にふれるようになった。日本語でも当用漢字表以前は区別され「輿論は責任ある言論、世論は私的な心情や群集感情を意味していた」とされていた（朝日新聞2007年1月9日付夕刊「世論を測る」など）。
7) 河合幹雄「裁判員制度が問う市民と情報」朝日新聞2007年3月5日付朝刊。

市民がきちんとした意見を持って主体的に関わることができない手続に参加させられる体験は、むしろその市民を自ら犯罪者を処罰する「統治側」に組み入れる場となる。

裁判員法は、立法技術的に見ても、良い法律とは言えない。ある部分（資格制限や罰則）は蟻の這い出るすきもないほど細かく冗長だが、実務を動かす具体的手続は空洞の容器のように簡単だ。特に、市民参加のための特別法であるのに、その市民の意見をどのようにして裁判の中に生かすのか、まさに裁判員制度を動かす中心部分である評議・評決のルールの部分がそうだ。

筆者は勤務先の学部ゼミ生に裁判員制度での模擬裁判をさせるにあたって、裁判官が裁判員に評議のやり方と判断のルールを説明するための「説示」[9]を作ってみて（裁判員対象事件でもない最も単純な訴因事件にしたのに）最低限必要な作業量に愕然とした。裁判員制度がはじまったとき、対象となる重たい事件の、罰条ごとに違うこういう膨大な作業を、裁判所はどうやってするつもりなのか。今、誰が、それをどう準備しているのか。聞こえてくる「準備作業」は莫大な予算を浪費してのメディアを巻き込んだやらせ[10]や、それでいて内容に踏み込まない広告・宣伝だけだ。

裁判員制度を少しでも市民参加の本旨に沿う制度にするためには、このほかにもさまざまな制度の改正や具体化が必要だ。しかしまず、「裁判員が、裁判官と協働して裁判を形成するために、市民裁判官に必要最低限の情報が与えられるシステム」が最優先課題だ。

本書はその一点に絞った論考である。

このアイテムについての異論とともに、市民参加のための手続法である裁判員法に欠けている他の多くの部分の指摘と、それに対する具体策が続々と現れて、2年後に迫っている2009年の実施までに、裁判員法をできる限り「市民参加の司法」として機能しうる法律にすることができるようになることを祈って、現代人文社の成澤壽信社長のご理解によって急ぎ発刊していただく。

2007年3月

五十嵐二葉

---

8) 読売新聞2007年3月4日付朝刊。
9) 本書第5章に収録。
10) 魚住昭「最高裁が手を染めた『27億円の癒着』」現代2007年4月号28頁以下。

目　次

まえがきに代えて──本書の目的と範囲　1

第1章　裁判員制度は実施できるのか

1. 裁判員制度の立法経緯　9
2. 国民は何を求めているか　11
　(1) 異例の目的規定 …………………………………………………………… 11
　(2) タウンミーティング「やらせ」問題 …………………………………… 12
　(3) 最高裁「懇話会」とアンケート ………………………………………… 12

第2章　裁判員制度は陪審制か参審制か

1. 陪審制と参審制はどこでなぜ違うか　18
　(1) 参加する市民の選出方法 ………………………………………………… 19
　(2) 市民裁判官の選任に対する当事者の関与──忌避制度の有無 …… 19
　(3) 執務形態 …………………………………………………………………… 19
　(4) 裁判体の構成──市民と裁判官の数の相関関係 …………………… 20
　(5) 市民裁判官の権限の範囲 ………………………………………………… 21
　(6) 市民参加に何を期待するか ……………………………………………… 21

2. 「裁判員制度」はどこから来たか　25
3. 日本の裁判員制度の「ねじれ」　27
　(1) 選任方法＝厳格な非専門性・素人性の要求 …………………………… 28
　(2) 選任への当事者の関与・忌避制度 ……………………………………… 29
　(3) 執務形態 …………………………………………………………………… 29
　(4) 裁判体の構成 ……………………………………………………………… 29

4

(5)　市民裁判官の権限の範囲 ……………………………………………30
　　　(a)　対象事件 ……………………………………………………………30
　　　(b)　被告人に選択権なし・争わない事件も …………………………31
　　　(c)　部分判決制度 ………………………………………………………31
　　　(d)　言い渡すことのできる判決 ………………………………………32
　　　(e)　裁判員の権限＝裁判官との権限の配分（協働の形態）………32
　　　(f)　評議 …………………………………………………………………34
　　　(g)　評決 …………………………………………………………………34
　(6)　市民参加に何を期待するか ……………………………………………35

4. 日本の「裁判員」はどうして職務を果たせるか 35

第3章　英米陪審制度の説示モデル

1. 陪審制度と説示モデル 38
2. 英米の説示モデル 40
　　1　陪審員の任務の教示 ……………………………………………………41
　　2　刑事裁判の原則についての説示 ………………………………………46
　　3　手続についての説明 ……………………………………………………53
　　4　証拠の評価についての説示 ……………………………………………54
　　5　結審にあたっての説示 …………………………………………………64
3. 英米説示モデルから学ぶこと 65

第4章　裁判員制度の発足を2年後に控えて

1. 「必要な環境の整備」とは何か 68
2. 模擬裁判に裁判員裁判の具体的な制度設計が見えない 69
3. 説示なしでは裁判員制度は成功しない 77
　(1)　裁判官は任務の自覚を ……………………………………………………77
　(2)　市民の裁判参加への刑訴実務上の障害と説示 ………………………79
　　　(a)　鑑定証拠 ……………………………………………………………79

(b)　書面主義裁判 ……………………………………………………… 80
　　　(c)　自白調書とビデオ録画 …………………………………………… 81
　　　(d)　検証・実況見分調書 ……………………………………………… 82
　4.　法曹は協力して説示モデルの作成を　83

第5章　裁判員制度に備えて、法曹は説示を書いてみてほしい

　1.　説示の例　84
　　(1)　模擬裁判の実施 ……………………………………………………… 84
　　(2)　事例の選択 ………………………………………………………… 84
　　(3)　資料の説明 ………………………………………………………… 85
　2.　説示の難しさ　85

第6章　説示事例集1：電車内痴漢・公務執行妨害事件

　1.　模擬裁判進行表　91
　2.　事例の概要（事例設定）　92
　3.　開廷にあたっての説示　94
　　　「事実認定」についての一般的ルール ……………………………… 96
　4.　結審後の評議・評決に向けての説示　100
　　　「評議」の対象について ……………………………………………… 101
　　　事実認定のルールの確認 …………………………………………… 102
　　　「評議」のやり方 …………………………………………………… 103
　　　「評決」のやり方 …………………………………………………… 104

第7章　説示事例集2：コンビニでの万引き事件

　1.　事例の概要（事例設定）　131

6

2. 結審後の評議・評決に向けての説示　133

「評議」のやり方 ………………………………………………………………… 134
「評決」のやり方 ………………………………………………………………… 135
「評議」の対象について（確認） ……………………………………………… 136
「要証事実」についての説示 …………………………………………………… 136
量刑についての説明 ……………………………………………………………… 144
量刑についての「評議」・「評決」についての説明 ………………………… 144

第8章　裁判員制度をめぐるあらたな課題
── 最高裁の「事前説明案」、「被害者の訴訟参加」、「メディア規制」

1. 最高裁の「事前説明案」　149

2. 被害者と裁判員制度　152

(1) 被害者参加制度の急速な導入 ……………………………………………… 152
(2) 被害者の公訴参加は刑事証拠法と適合するか …………………………… 153
(3) 被害者の訴訟参加と裁判員 ………………………………………………… 157

3. 被害者参加制度にともなう必要的な説示　158

(1) 一般的な「被害者の主張、申立、意見や質問」についての説示 ……… 158
　(a) 「被害者の主張、申立、意見や質問」の法的性格 ………………… 158
　(b) 刑事裁判における被害者の本質 ……………………………………… 158
　(c) 関係者としての被害者 ………………………………………………… 160
　(d) 「被害者の主張、申立、意見や質問」は弁護人のそれに類似する … 160
　(e) 人の嘘についての確証テスト ………………………………………… 161
(2) 被害者が関わる特殊な事件についての説示 ……………………………… 162
　(a) 正当防衛、過剰・誤想防衛主張事件での説示 ……………………… 162
　(b) 性的被害者 ……………………………………………………………… 163

4. メディアと裁判員制度　163

(1) 裁判員、当事者の守秘義務と報道 ………………………………………… 163
　(a) 裁判員等（裁判員又は補充裁判員）に科せられる評議の秘密など漏示罪 … 164
　(b) 何のために評議の秘密を守るのか …………………………………… 166
　(c) 裁判報道と秘密漏洩 …………………………………………………… 167
(2) 報道する者への情報提供としての説示 …………………………………… 169
(3) 裁判員裁判を迎える犯罪報道 ……………………………………………… 170

第1章 裁判員制度は実施できるのか

1. 裁判員制度の立法経緯

　2004(平成16)年5月28日「裁判員の参加する刑事裁判に関する法律」(平成16年法律第63号＝略称「裁判員法」)が成立した。附則第1条によって「公布の日から起算して五年を超えない範囲内において政令で定める日から施行する」ことになっており、どんなに遅くとも2009年5月27日までには施行されるわけだが、その政令はまだ出されていない。
　果たして裁判員法は実施できるのか。
　というのも、まず、裁判員制度への国民の参加意欲がいっこうに盛り上がってこないからだ。裁判員法公布の翌年である2005(平成17)年に内閣府が実施した裁判員制度に関する世論調査では「裁判員として裁判に参加したくない」と答えた人が7割に達し、翌2006(平成18)年2月に最高裁が行った国民意識調査でも「参加したくない」と答えた人がまだ62%を占め、この調査結果を報道した読売新聞は「参加意欲は低迷」と書いたが、2007(平成19)年の読売の面接調査では「参加したくない」は75%に上った[1]。
　そもそもこの「国民の司法参加」は、国民からの要望によって立法されたものではないことはもとより、これまで「市民の司法参加」「陪審制度立法化」(あるいは「復活」)運動をしてきた人たちも予測しないことだった[2]。ということは、この司法参加は、これらの運動を容れてなされたものではなかったのであり、そのことは、制度が具体化していく過程で次々と見えてくることになる。
　何らの利権も伴わない立法に、政治家が動くはずもなく、実際関心を示した政治家はほとんどいなかった。そのような立法環境のなか、やはり熱心な陪審制度論者であった矢口洪一元最高裁長官がその強烈な指導性によって

---

[1] 読売新聞2006年5月10日付朝刊と同2007年1月16日付朝刊。
[2] 熱心な陪審運動家の一人である鯰越溢弘は「筆者は陪審制度論者であるが、正直に告白するならば、目の黒い内に『国民の司法参加』が実現するとは予想していなかった」と書いている。鯰越溢弘『裁判員制度と国民の司法参加』(現代人文社、2004年)ⅱ頁。

反対論を押し切り制度化したともいわれる[3]。

　しかし、立法の経緯を見ると、そのような単純なことではない。

　立法の企図は、2001(平成13)年6月12日に総理大臣に提出された「司法制度改革審議会意見書」に「一般の国民が、裁判の過程に参加し、裁判内容に国民の健全な常識がより反映されることによって、国民の司法に対する理解・支持が深まり、司法はより強固な国民的基盤を得ることができるようになる」とされたところから公式に始まった。同年11月16日に成立した司法制度改革推進法はこれを「国民の司法制度への関与の拡充等を通じて司法に対する国民の理解の増進及び信頼の向上を目指」す(同法2条)としている。注意すべきなのは「国民の司法参加」がそれ自体目的ではなく、前者では「によって」後者では「を通じて」と、手段あるいは経路と位置づけられているにすぎず、制度の目的は「国民の司法に対する理解・支持」「司法に対する国民の理解の増進及び信頼の向上を目指」すことにある点だ。

　この点は、裁判員法1条の目的規定にも「国民の中から選任された裁判員が裁判官と共に刑事訴訟手続に関与することが司法に対する国民の理解の増進とその信頼の向上に資することにかんがみ、裁判員の参加する刑事裁判に関し、裁判所法及び刑事訴訟法の特則その他の必要な事項を定めるものとする」と踏襲されている。

　「陪審裁判は、司法の運営に市民を参加させ、公権力の濫用を抑制し、司法手続を絶えず国民に評価させる手段を与えるのである」[4]、「法的訓練を受けた職業裁判官によってでなく、自分の同輩(his/her peers)から構成される陪審による裁判を受けることは、その者の生活する地域社会で共有された正義感に基づいた判断を仰ぐということである」[5]という市民参加の基本的な目的は、少なくとも明文上は、裁判員法の立法目的にはないという事実を正確に見なければならない。

---

[3] 2006年7月25日に死去した同氏について、同月26日付読売新聞は「裁判員制度道開く」との見出しで報じた。ただし、できあがった「裁判員制度」が、裁判官時代はタカ派といわれながら実は青木英五郎裁判官の系譜に連なる人であった矢口氏が、本当に意図した「市民参加の裁判」であったかどうかは疑問なしとしない。

[4] 法務大臣官房司法法制調査部『アメリカ法曹協会による裁判所組織・事実審裁判所・上訴審裁判所に関する基準』「2−10陪審裁判の権利」の注釈、法務資料443号(法務省、1982年)。

[5] 丸田隆『アメリカ陪審制度研究』(法律文化社、1997年)4頁。

「裁判員裁判とは、要するに、職業裁判官による事実認定の独占状態に終止符を打つ制度である」[6]というのは先進的な意識を持つ一部の弁護士だけの希望的な解釈ということになる。

しかし、裁判員法の立法企図は司法への「国民の理解の増進及び信頼の向上」だけではない。司法制度改革推進法には法の「基本理念」「基本方針」といった条文に繰り返し「より迅速」な手続という言葉が出てくる。裁判員制度は、国民を仕事から離脱させて裁判に協力させる。そのためには裁判の迅速化が不可欠だ。卵が先か、鶏が先か。手続の迅速化要請は、一連の「迅速化諸法」を相次いで成立させ、刑訴法には、公判前整理手続、即決裁判をはじめ、多数の「迅速化改訂」（被疑者国選制度も、迅速化の目的であるとする法務省刑事局付検事の論稿がある＝「被疑者・被告人の弁護人の援助を受ける権利を実効的に担保するとともに、被疑者段階から国選弁護人が選任されることにより、弁護人の早期の争点把握を可能にし、刑事裁判の充実・迅速化を図るという観点から導入されたものです」）[7]を一挙に導入した。

「迅速化」は「裁判に時間がかかりすぎる」という国民の感覚を制度化したのだと言う人がいる。しかし迅速化をどう制度化するかについて、国民の意見を聞いたり、容れたりしたという事実はまったくない。

このように外在的に新設された裁判員制度に、国民が消極的であるのはむしろ自然の成り行きだろう。

2. 国民は何を求めているか

(1) 異例の目的規定

この法律の付則には異例の条文が含まれている。

「施行前の措置等」などという見出しが付されているその第2条1項は「政府及び最高裁判所は、裁判員の参加する刑事裁判の制度が司法への参加についての国民の自覚とこれに基づく協力の下で初めて我が国の司法制度の基盤としての役割を十全に果たすことができるものであることにかんがみ、こ

---

[6] 高野隆「裁判員裁判と公判弁護技術」自由と正義56巻5号（2006年）71頁。
[7] 平尾覚（法務省刑事局付検事）「被疑者国選弁護制度の整備について」罪と罰（日本刑事政策研究会）44巻1号（2006年）66頁。

の法律の施行までの期間において、国民が裁判員として裁判に参加することの意義、裁判員の選任の手続、事件の審理及び評議における裁判員の職務等を具体的に分かりやすく説明するなど、裁判員の参加する刑事裁判の制度についての国民の理解と関心を深めるとともに、国民の自覚に基づく主体的な刑事裁判への参加が行われるようにするための措置を講じなければならない」。同条2項は「前条の政令を定めるに当たっては、前項の規定による措置の成果を踏まえ、裁判員の参加する刑事裁判が円滑かつ適正に実施できるかどうかについての状況に配慮しなければならない」となっている。

「裁判員法」の施行日が決められないのは「司法への参加についての国民の自覚とこれに基づく協力」が得られる環境がまだ整っていないからだろう。

(2) タウンミーティング「やらせ」問題

「閣僚と国民の直接対話」により市民と政府が言論の応酬を通じて政策を磨き上げるとして、2001年以来内閣府主催で行われてきた「タウンミーティング」は、小泉内閣で行われた174回のうち政府による質問・発言の依頼が全体の6割を超える115回に達し、うち15回については「やらせ質問」があったと、2006年12月13日内閣府タウンミーティング調査委員会が発表した。「報告書」はやらせ質問について「政府の方針を浸透させるための『世論誘導』ではないかとの疑念を払しょくできない」としているが、その世論誘導15回のうち、司法制度については、2004年以来7回行われたうち6回で「やらせ質問」が行われ、当時政治の焦点となっていた教育改革に関する8回中5回を上回る。

政府がする「直接対話」の本質的なうさん臭さとともに、とくに司法改革では（教育基本法はこのあとで国会を通過した）、どういう制度を作りたいかを国民に聞くことはまったくしないまま国民に義務を課す裁判員制度などを作ってしまい、作ったあとで、一方的にその内容を国民に「周知徹底」させ、制度に協力させようとする構図がここによく見えている。

(3) 最高裁「懇話会」とアンケート

同じ2004年6月から最高裁は、「各界の学識経験者」を集めて意見や提言を受けて「広く浸透力のある広報活動を行」うために「裁判員制度広報に関

する懇談会」を設置している。最高裁が2005年10月18日にその第5回セッションに配布した資料[8]によれば、

①2005年4～7月に全国の高裁、地裁、家裁が実施した「裁判員制度に関する出張講義・説明会」は250回で14,754人が参加、模擬裁判は72回で852人が参加した。

②2005年10月1日から翌2006年1月29日までに、全国の地裁本庁所在地50ヶ所において「裁判員制度全国フォーラム」を開催し、約18,000人の来場者があり、うちの約11,000人からアンケートの回答を得たという。

そのアンケートによれば、「『裁判員制度のメリット』として期待するものは？」の問いには（複数回答％）「刑事裁判がこれまでより国民の感覚に近くなる」53.3％、「裁判が身近なものになり信頼が高まる」が合計80.4％で最も高い。裁判員制度の「フォーラム」に参加してレクチャーを受けた来場者であるから、裁判員法1条の制度目的「国民の理解の増進とその信頼の向上」が立法意図どおりに回答されているようだ。

面白いのは「裁判の仕組み」「犯罪の実態」「法律家の考え」を知ることができ「日常生活では得られない体験」をできる、はいずれも30％以上、合計135.8％で、参加すれば得られる知識や体験に期待する答えがより多いことだ。選択肢はもちろん最高裁が作ったものだから、最高裁が国民に期待する事項である。「裁判により社会正義を実現」は1つだけ上記とは別種の選択肢だが、回答は23.6％と最も低い％だった。

「裁判員制度に対する負担感や抵抗感」の問いには「仕事を休む」ことによる職場や家庭の事情が5つの選択肢を設けているのに回答は一桁台が多くて合計42％。「守秘義務違反に刑罰があること」13.8％、「被告人などに脅迫や危害を加えられる不安」34.6％などより、「有罪・無罪の判断や重い刑を決めることは難しく正しい判断をする自信がない」43％、「人の人生を左右する仕事は精神的に負担が重い」45.1％、合計88.1％が高く、また「証拠内容などを理解・記憶するのが大変」17.9％、「評議などできちんと意見を言う自信がない」20.3％、「裁判官と対等に議論するなど無理」17.8％という答えも集

---

[8]「出張講義、模擬裁判実施状況調査結果概要」<http://www.saibanin.courts.go.jp/news/kondan.html><http://www.saibanin.courts.go.jp/news/kondan5/kondan_5_1.html>

約されていることは次の問いへの回答とあわせて興味深い。

「制度に参加する際の要望」の問いには「できるだけ毎日法廷を開き、少しでも早く裁判を終えてほしい」が20.5％は、物理的な参加の困難さが制度の不人気の最大の原因だという予測に反したのではないか。

それよりも、裁判に参加することを前提としての建設的な制度設計への注文が多い。

「分かりやすい言葉を使ってほしい」60.4％のほかに「裁判の初めに、裁判員が判断しなければならない点や、特に注意しておかなければならない点を、よく説明してほしい」62.5％、「評議では、裁判官から、判断の仕方や証拠の内容などについて、充分な説明を受けたい」43.8％、が高い回答になっていることだ。

「評議では裁判官は、裁判員が自由に発言できるよう、できるだけ配慮してほしい」34.5％の回答者は、おそらく模擬裁判にも参加した者ではないかと推測されるが、ともに、まさしく今後の具体的制度設計の指針とすべき民意だろう。

注意しなければならないのは、この回答をしたのは「フォーラム」に参加して制度の説明を受け、裁判員制度について一応の知識を得た者であり、さらにそのなかでも会場でアンケートに応じるのは回答を出さないで帰ってしまう者より意識の高い者であることだが、少なくともその程度に知識を得た国民は、自分が参加しなければならないのであれば、きちんと意見を言える条件を作ってほしいと望んでいることが、裁判所が作った選択肢のなかにも見えていると言えるだろう。

裁判所（国）は、制度を実施する期限の2009年5月27日までに、国民の求めを容れた具体的な制度作りをしなければならない。それができないままで形だけ作って動かしても、制度は真に実施されたとはいえないのである[9]。

なお、参考までに2006年11月に、筆者が刑事訴訟法を教えている地方大

---

[9] メディアは、2006年10月2日に開業したばかりの「法テラス」（日本司法支援センター）が、2ヶ月にして相談半減となったとして「法テラスもう先細り」と報じている（読売新聞2006年12月12日夕刊）。同紙はその原因を「弁護士会との連携不足」としているが、なぜ連携不足が生じるのかの制度的原因を書いていない。弁護士たちが連携に消極的になる要因は、法テラスの制度設計にあるのだ。

学の法学部3年生にしたアンケートの結果の一部を紹介しておく。これは、講義が裁判員制度に入る前に事前調査としてしたもので、その意味では裁判員制度についての知識は一般市民とあまり変わらない。ただ、裁判所と検察庁を見学した際に配布された市民向けの裁判員制度のパンフ類を読んでおり裁判官や検察官から一般的な裁判員制度の説明を受けているので、裁判員制度についての認識の程度は、裁判所主催の「フォーラム」参加者と似たような条件にあるかもしれない（回答者は25人、選択肢を作らず自由記入させ、複数の理由を挙げた者もあった回答を整理した）。

　まず「何のための制度だと思うか」への答えが、「司法への見方を変えるため」と括れる認識が「中身を変えるため」と括れる回答より多いことは、上記裁判所のしたアンケートと同じ傾向で、裁判員法1条の制度目的「国民の理解の増進とその信頼の向上」が立法意図どおりに回答されていることが興味深い。

[何のための制度だと思うか]

	賛成者 11	反対者 12	迷う・中立者	計
裁判に対する関心や理解を得ようとしてるのでは		2		2
司法に対する関心を深めるため	3	2		5
国民に司法を身近にする・距離を縮めるため	3	5	2	10
国民が司法をもっと理解するためと言われている			2	2
裁判をリアルに見て犯罪発生率を減らすため			2	2
国民の司法への信頼向上	7	6	1	14
国民の司法への理解と支持	4	2		6
あなたたちが加わったのだから文句を言うなとするため	1			1
（司法への見方を変えるため）小計				42
国民感情の反映		1		1
専門家でない人の感覚を司法に反映させる	1	1		2
幅広い人の意見を聞くことができる	1			1
一般人の価値観も導入しようとしている	1			1
（司法の中身を変えるため）小計				5

2. 国民は何を求めているか

| 裁判の迅速化 | 2 | | 2 |
| 日本だけに参加制度がないから | | 1 | 1 |

　質問には、裁判所のアンケートとは違い、制度への賛否も尋ねた。
　制度に反対の意見の方がやや多い。
　制度に賛成の理由として、「民間人の感覚が司法に取り入れられる」2、「多くの人の意見が司法に取り入れられる」3など、ここでは司法への見方とともに中身が変わることを期待する回答も出ている。
　制度に反対の理由に、「一般人には法的な資質がない」3、「素人は感情的」3など、市民の能力への消極意見以外に「法律専門家の意見に流される」3、「無罪推定などの考え方が根付いていない」1、「正しい／公正な判断ができるのか疑問」各1など、市民の意見が生かせない危惧が最多数を占めていることが、「フォーラム」アンケートにはない特徴だ。

[制度に賛成な11人の賛成である理由]
・国民の司法に対する理解と信頼が深まる ……………… 3
・司法が身近になる ……………………………………… 3
・犯罪に対する意識が高まるので犯罪が減ると思うから … 1
・普段法律にかかわらない人がかかわる機会を持てる …… 1
・民間人の感覚が司法に取り入れられる ………………… 2
・多くの人の意見が司法に取り入れられる ……………… 3
・これまで刑が軽すぎてよくない思っていたから ………… 1
・用語も分かりやすくなると思うから …………………… 1
・裁判が迅速になる ……………………………………… 1
・先進国は皆国民参加制度がある。世界の流れ ………… 2
・国民参加は民主的制度 ………………………………… 1
・個人的に犯罪に興味があり裁判にふれてみたい ………… 1
・仕事を気にせず参加できる制度だと思うから ………… 1

[制度に反対の12人の反対である理由]
・もともと国民は司法と離れている。あえて国民をかかわらせるべきではない　1

- 一般人には法的な資質がない（専門家に任せるべきだ）……………… 3
- 無罪推定などの考え方が根付いていない ……………………………… 1
- 正しい判断ができるのか疑問 …………………………………………… 1
- 公正な判断ができるのか疑問 …………………………………………… 1
- 素人は感情的………………………………………………………………… 2
- 素人はメディアの影響を受ける ………………………………………… 2
- 情報操作（メディアからか裁判官からか不明）に対する抵抗力がない … 1
- 法律専門家の意見に流される……………………………………………… 3
- 裁判官との意見の違いに混乱してしまうと思う………………………… 1
- 裁判員が被告人と結託する虞がある …………………………………… 1
- 被告人の運命を多数決で決めていいのか疑問 ………………………… 1
- 素人には重い事件は無理で軽い事件だけを裁かせるべきだから …… 1
- 被告人になったらプロに裁かれたい …………………………………… 2
- 被告人からすれば、無関係な人に醜態をさらすことになる ………… 1
- 素人を無理に参加させるのは憲法18条違反である …………………… 1

　裁判所主催の「フォーラム」参加者の、裁判に参加することを前提としての、参加するなら自分たちの参加の意義が達成できるような運営を、という建設的な制度設計への注文、学生たちの「公正な判断ができるのか」という制度への危惧は、実は同じ認識を表裏から回答しているのではないか。

　これらに応える制度設計を2009年までに、しなければならない。

　そのためには、裁判員法が描いている市民参加制度を、「参加する市民の意見によって公正な裁判が実現できる」手続にできるよう見直す必要がある。

第2章 裁判員制度は陪審制か参審制か

　具体的な制度設計を論じるにあたって、世界で行われている市民の司法参加制度を参照しておきたい。
　市民の司法参加制度は陪審制と参審制に大別できるが、裁判員制度は、いったい陪審制なのか参審制なのか。この問いの中に制度設計を考える上でのヒントが隠されているからである。

1. 陪審制と参審制はどこでなぜ違うか

　まずその正確な認識が前提になる。
　犯罪を裁くということは、裁く人が知らない過去に、知らない場所で発生し、裁く人は直接知ることができない当該犯罪事実があったかなかったか、逮捕され起訴された被告人が本当にその犯罪を行ったのかどうかを、犯罪の残された痕跡である限りある証拠から判断する「事実認定」が基礎になる。
　そして裁判というものの宿命は、裁く人が、たとえ個人的にはこの被告人が犯人かどうかの判断に迷っても、この証拠からはどちらとも判断できないと思っても、それをどちらかに決めなければならないことだ。
　過去の事実の有無の判断には、人知をもって測り知ることができない要素、強く言えば不可知的な要素を含むものである。それゆえに、その判断をする力は、通常の人間として、誰もが平等に持っているもので、それ以上のものではない。逆に言えば、犯罪を裁くことを職業とし、日常的に被告人として法廷に現れる者の大多数を真犯人として処罰している職業裁判官は、その経験の蓄積によって「被告人を見たら真犯人」と見てしまう感覚を免れない。職業裁判官のもつそのバイアスを直視し、前提として、そのバイアスのない一般市民を裁判に参加させるのが司法への市民参加だ。
　ここまでの基本的な考え方は、陪審・参審に共通のものだ。しかし、陪審制と参審制には、具体的な制度に大きな違いがある。
　以下、制度のポイントごとに、その違いを見てみよう。

(1) 参加する市民の選出方法

　無作為抽出の一般市民（陪審）か、より高い能力を予定する資格者（参審）か。

　陪審制は、法律を知らない民衆の、法律知識によって歪められていない一般人としての市民感覚に事実認定を委ねる「民の声は天の声」を制度の存在意義としているので、参加する市民の選出方法は無作為抽出となる。

　参審制には2つの制度がある。

　①特殊な専門家として裁判官を補佐する専門家参審＝ヨーロッパ大陸では裁判所が分野ごとに分かれている制度が多く、それぞれの裁判所あるいは専門部門ごとに、行政、社会保障、商業、特許、住宅・賃貸借、労使間の紛争などの各専門分野についての専門家、有識者が参審員となる。

　②これに対して、刑事事件には市民に専門家はいない。しかし以下の(3)～(5)のポイントでの参審制度では、裁判官と対等に議論できることが必要とされ、そのため、①の専門家ほどではないが一般市民より高い見識が要求される（少なくとも擬制される）制度だ。国により、政党推薦、一定以上の学歴、資格者とされる者の名簿登載などがある。

(2) 市民裁判官の選任に対する当事者の関与――忌避制度の有無

　選任に際して、その判断によって運命を決められてしまう当事者が立ち会って関与し忌避できる制度がある（陪審）か、ない（参審）か。

　陪審制で当事者による（職業裁判官に対する忌避とは別の）忌避制度が保障されているということは、市民裁判官としての専門性よりも偏頗のない一般市民感覚が重視される制度であることを意味している。

　参審制で忌避制度がない（職業裁判官についての忌避事由以上の忌避要件はない）のは、参審員が陪審員よりも「裁判官」により近いことを示している。

(3) 執務形態

　一事件限り（陪審）か、複数の事件を扱い一定の任期間務める（参審）か、事実審である一審のみ（陪審）か、国により高裁など上級審にも関与する（参審）か。

陪審制では、たとえ市民の身分であるとはいえ、多くの事件を裁くことにより、職業裁判官と同じバイアスを持つようになることは一般市民感覚を目的とする制度趣旨に反するとして、事件ごとに市民を入れ替える。

　参審制では、一定期間の任期中は、職業裁判官同様に係属する事件をすべて担当し、国によっては上級審の裁判をも担当する参審員は、職業裁判官により近い性格を持っている。

(4) 裁判体の構成――市民と裁判官の数の相関関係

　市民多数――裁判官1人(陪審：市民12人から最低6人[1]、裁判官1人)か、市民少数――裁判官複数(参審：市民2〜3人、裁判官1〜3人)か。

　裁判は、限定された証拠からする判断だから、個体によって判断が異なることがあり結果的に真実とは違う判断もありうる。だから小数の、そして特定の社会的な経験に偏った個体による判断に依存することは危険であり、「比較的大きなグループに通常含まれる見解の幅の大きさを確保すべき」[2]だという認識が、陪審制では参審制より強いのであり、「民の声は天の声」と言えるには、多数の判断でなければならない、と考える。大陪審[3]が当初24人とされていたことに、よく表れている。

　これに対して参審制は、市民裁判官をより少数でよいとする。市民の持つ専門家としての知識で裁判官を補助する専門家参審の任務としてはそれで十分だろう。

　刑事参審については、同じ参審制だからとして数の点で専門家参審と違いを設けない制度としたことを除けば、ほぼ同数の裁判官と対等に議論して、市民感覚を反映できる能力が擬制されているということになるだろう。

---

1) アメリカ合衆国最高裁は1970年6月22日の判決で、6人陪審でも憲法第6修正の陪審による裁判を受ける権利条項には違反しないとした(Williams v. Florida, 399 U.S. 78)が、1978年3月21日の判決で5人陪審では全員一致の判決であっても憲法第6修正の陪審による裁判を受ける権利を実質的に損なうとして、第6修正及び第14修正に違反すると判決した(Ballew v. Georgia, 435 U.S. 223)。
2) 前掲第1章注4) 121頁。
3) 合衆国憲法第5修正「何人も、大陪審の告発又は起訴によらなければ、死刑を科せられる罪その他の破廉恥罪につき責を負わされることはない」により起訴・不起訴を決める陪審。

(5) 市民裁判官の権限の範囲

　①事実認定——裁判官から独立して決定する（陪審）か、裁判官と協働して決定する（参審）か。

　②法令の適用——権限がない（陪審）か、裁判官と協働して決定する（参審）か。

　③量刑——権限がない（陪審：ただしアメリカのいくつかの州では死刑にするかどうか、特定の犯罪についての量刑などは陪審が決定するなどの例外がある）[4]か、裁判官と協働して決定する（参審）か。

(6) 市民参加に何を期待するか

　職業裁判官が陥るバイアスを持っていない一般市民を裁判に参加させるという基本的な趣旨は共通であっても、両制度の違いは、人間の事実についての限りある判断力に依存しなければならない裁判というものへの安全弁をどの程度に強く制度化するかというところにあるといえよう。

　「陪審裁判は、司法の運営に市民を参加させ、公権力の濫用を抑制し、司法手続を絶えず国民に評価させる手段を与えるのである。陪審裁判は、法律に社会の正義感を注入する機構であり、日ごろの生活上の出来事を規制するに当たり社会の基準をみつけ適用するための機構である」[5]。

　「陪審裁判制度、すなわち同輩による陪審裁判（みな、この言葉〔Jury peers〕を強調されていました）というのは、事実認定能力の優劣と言う問題に尽きるのではなく、対権力との関係において、市民の手に裁判権という権

---

[4] 2006年9月3日、サンフランシスコの連邦高等裁判所は、量刑加重事由の判断は陪審の権限であるから陪審の有罪／無罪判断後に裁判官が死刑を判決することは、憲法第6修正の陪審による裁判を受ける権利条項に違反するとした2002年の連邦最高裁の判例（Ring v. Arizona, 536 U.S. 584）に基づき、同高裁が管轄する州のうち、裁判官が死刑を決定していた3州の死刑囚約100人に対して死刑判決を無効として終身刑に変更する判決をした。これらの州では陪審が有罪／無罪を決定した後に裁判官が量刑判断をするが、連邦最高裁は2002年の判決に続いて、2005年に陪審によらない死刑判決は違憲とする判決を出し、この高裁判決はこれを受けたもの。アメリカではこのように、法技術的な判断以外では、裁判官の判断よりも市民の判断を上位に置く。

[5] 法務大臣官房司法法制調査部『アメリカ法曹協会による裁判所組織・事実審裁判所・上訴審裁判所に関する基準』「2-10陪審裁判の権利」の注釈、法務資料443号（法務省、1982年）119頁。

力を保持しておくと言う人権の側面において、建国以来、変わることなく支持され社会に深く根付いてきているのだということです」[6]といわれるように、陪審制は、三権の中では行政をチェックする役割を担う司法ではあるが、やはり権力機構の一つである職業裁判官を市民によって監視し、市民自らが裁判官と変わりなくすることのできる事実認定は、市民の手でする制度である。

　陪審制は、イギリスで生まれ（何をもって陪審制の誕生と見るかによってその始期が違うが、早い説では11世紀とされる）[7]、フランス革命（1789年）を契機に、司法権を民衆に取り戻す制度としてヨーロッパ諸国で採用されていった。しかし刑事裁判について言えば、政治体制の移り変わりに伴って（多くの国で1930年代のファッシズム期に）次第に参審制に移行した。スペインのように最近になって陪審制に戻した国もあるが、イタリアのように「10年ほど前に以前のシステムに戻ろうという話が出たが戻らなかった」[8]大陸法系の刑事手続では、もともと職権主義手続構造だったこともあり、現在ほとんどの国が参審制となっている。しかし現在でも陪審制を残して、双方を併存させている国もある（スウェーデン、オーストリア、ドイツのいくつかのラントなど）。

　これらの国で、なぜ陪審制（とくに刑事陪審）を残しているのかと聞くと「陪審制はフランス革命から始まった司法への国民主権の象徴だから」という答えが返ってくる。

　参審制のうち、専門家参審は、参審員に期待されるところをよく制度化している[9]。しかし、刑事参審は専門家としての参加ではなく、参審員に期待するところは、専門家参審のように明確ではない。

　1998（平成9）年の日本刑法学会東京大会で、西ドイツの参審制を視察し

---

[6] 森崎英二（東京地方裁判所判事補）「陪審裁判傍聴記（アメリカ）」海外司法ジャーナル2号（財団法人最高裁判所判例調査会、1995年）126頁。
[7] 陪審juryの語はjure（誓約する）から来ている。証拠集めの機能もなかった時代には、地域の古老など信頼される数人の人物が、地域住民から入った情報をもとに、宣誓した上で訴追された人の有罪・無罪を述べ、それによって処分を決めていた慣習から、判断者と証拠が次第に分離して陪審裁判が始まった。
[8] 日弁連司法改革実現本部イタリア刑事司法制度調査団『イタリア刑事司法制度調査報告書 2002年6月15日〜23日』（日本弁護士連合会、2003年）18頁、本文「10年前」は1990年代はじめにあたる。
[9] オーストリアを視察したとき、雇用問題の参審裁判では、労組幹部の参審員が、裁判官よりも主導性を持って裁判をリードしていた。

てきた学者の報告があった。その中の「西ドイツの裁判官が『裁判をしていて参審員がいてくれてよかったと思ったことはない』と言っていた」というくだりが衝撃的だった。大会記録にはなぜかその部分が載せられていなかったが、それは筆者が同年にオーストリアの刑事参審裁判を見学し、裁判官2、参審員2のその法廷で参審員を務めた市民にインタビューしたところと同じだった。中年の女性であるその参審員は「朝、呼出しが来て裁判所に来た。なんだかよくわからないので、裁判中もそのあとで判決を決めるときも私は何も言わなかった」と言った。公判は手続が非常に職権主義的に進められ、裁判長が、陪席裁判官に1～2度何か言った以外は、参審員にはまったく声をかけることもなく、1人で公判を取り仕切っていた[10]が、そのやり方は評議でも変わらなかったようだ。

　イタリアなど、ある程度メンバーが固定していて[11]、一定期間（現在は3ヶ月としている裁判所が多いようだが、担当した事件が終わるまでは引き続き務めるので実際にはもっと長い）しかも輪番的に何度も参審員を務めるところもある。自薦の参審員は常連化している感があり、そうした参審員が加わった裁判体では、裁判官と対等に議論している場合もあるといわれる。しかしそうなると、職業裁判官ほどではないが、純粋の素人でもなくなり、素人である一般市民感覚を生かすという市民参加の意義はその分だけ薄くなる。

　刑事参審は、オーストリアのような運用であれば、市民も司法に参加しているという制度趣旨そのもののため、イタリアの常連のような運用であれば、それでも裁判所勤務を職業とする裁判官だけよりは市民感覚の要素もいく分か加味される、というところが客観的な事実ではないだろうか。

　ただ、イタリアでも「裁判官の意見がそのまま判決になりがちだという指摘もある」。「参審員は人数では裁判官の3倍だが、発言の重みは0.1％」、「最

---

[10] 公判では裁判長がほとんど1人でしゃべって手続を進め、証人尋問も裁判長が9割がたの時間を使ってしたあと、両当事者がほんの1、2の補充質問をし、証人の証言が終わると、裁判長がその証言内容を1人で口授して書記官に書き取らせるなど、これが職権主義手続というものなのだと感慨深かった。
[11] 参審員は名簿登録制で自薦を優先して不足分を戸籍や住民票から選んで公示して市民から異議があれば選任委員会が検討する。いったん登録されると2年に1度7分の1程度を同じ方法で入れ替える以外は、本人が辞退するか、何か問題があったときでなければ外されることはない。前掲注8) 報告書・65頁。

初はそれぞれ意見を言うが、法律知識のある裁判官が最後に考えを述べると、みんな逆らえない」ともいわれる[12]。市民と専門職である裁判官が評議して裁判内容を決める、という制度自体から免れえない限界だろう。

　ヨーロッパ大陸では、また陪審制と参審制が混在しているかのような制度もある。基本的な制度趣旨から考えると陪審制か、参審制かの区分が難しいのがフランスの制度だ。これを陪審だという人がいるし、参審だという人もいる。

　フランスでは、大革命後に制度が導入されたときは12人の陪審制で、法令の適用と量刑もすべて市民だけで行い、裁判官はその評決に従って判決を言い渡すだけだった。その後政治形態の変化とともに何度も制度が変わり、次第に陪審制の要素が失われてきた。現在は、無作為抽出の選挙人名簿から選ばれ、当事者からの忌避（被告側5人、検察側4人まで）を経た市民（「陪審員」juréと呼ばれるが9人に減らされている）が、上記(5)の①〜③のすべてを、裁判官（3人）と共に評議し、裁判官も事実問題について評決に参加する権限があるが、評決は有罪・無罪については無記名投票で9人以上の多数決、量刑は8人以上の多数決できめる（日本の裁判員制度のように裁判官が1人以上加わらない多数では評決できないという制限はない）、つまり参審制のような単純な多数決（参審制でも国によっては、事項によって一部特別多数制もあるが）ではないという制度になった[13]。

　フランスの制度を陪審だという人は主として、長く陪審制で来た制度の伝統、無作為抽出の市民であること、市民の数が多いこと、執務形態は事件ご

---

[12]「あなたも裁判員」海外からの報告（読売新聞2006年12月23日付朝刊）。
[13] グランヴィル・ウィリアムズ=庭山英雄訳『イギリス刑事裁判の研究』（原題はThe Proof of Guilt=有罪性の証明。学陽書房、1981年）119頁。フランスは「1881年まで裁判長はいくぶんイギリス風のやり方で陪審に対する説示を行ったが、裁判官の公正さへの信頼が欠如していたため、それは訴追側に加担する偏った最後の言葉とみなされた。それゆえ、その年に説示は廃止され」た。「説示の欠如のためにあまりにも無罪が多かったので、評議室へは裁判官と陪審員とを一緒に送り出すという冒険的手段が取られた。もはや公開では許されない影響力の行使を非公開で行うためであった。これが現状である。9人の陪審員に対して3人の裁判官がおり、判決投票は裁判長の指揮下に行われる秘密会議での討論のあとに実施され、しかも全期日にわたって同一陪審員が同一裁判官とともに審理するので、現在のフランスの裁判官はイギリスにおけるよりも大きな影響力を及ぼす機会を持っている」（246頁）。同書は「陪審裁判を犠牲にしての略式裁判の発展」の節を設け、略式裁判は「訴追側にとっても利点をもつことが、看過されてはならない。単に事件がより安価かつ迅速に審理されるだけでなく、有罪判決のチャンスも多くなる」（242頁）としている。今回の日本の司法制度改革を彷彿とさせる。

とであること、評決の方法（有罪・無罪の判断を市民だけの9人でも決められる）を挙げる。なお、忌避制度があり、裁判長が裁判所courおよび陪審juryに対して被告人は有罪か無罪かなどの答申すべき設問questionsをすること（フランス刑訴法348条）など他にも陪審制の制度を多く残している。

　本書のテーマとの関係で言えば、裁判長は陪審jurésに対して、宣誓前の説示discours（304条）、結審後陪審が評議室に入る前の説示lectur de l'instruction（353条）を与える。いずれもあとで紹介する英米法の説示より簡単で基本的な原則だけだが、結審後説示は「大書きして評議室の最も見えやすいところに掲示する」（353条）。

　フランスの陪審は参審だという人は、裁判官が有罪・無罪の評決に加わり、市民が法律の適用（ただし職権主義手続なので、実質的には市民の判断はあまり加味されない実態）、量刑にも加わることを挙げる。

　では、日本で法制化された裁判員制度は陪審か参審か。

2. 「裁判員制度」はどこから来たか

　日本に陪審制があったことは、裁判員法の論議に伴って今では多少知られるようになった。

　日本では、最初の刑事訴訟法である治罪法（明治13年太政官布告37号）がフランス人ボアソナードによって起草されたこともあって、陪審制を予定した手続法だったが、当時の明治政府には、まだ陪審制を実施する力はなく、その後に制定された旧々刑訴法（明治23年法律96号）がドイツ・プロイセン系であったこともあり、陪審制度化はなお見送られていた。

　しかし、いわゆる大正リベラリズムのなかで、制度化が実現し、原敬内閣は1923年「陪審法」（大正12年法律50号）を成立させ、1928年から実施された。この陪審制は、陪審の答申を裁判長が覆してよいなど制度矛盾を抱えながらも、各地で行われた陪審裁判は、今に語り継がれる多くの事例を残している。第二次大戦末期の1943（昭和18）年に戦時体制を理由として停止されて、法律としては存在しながら、そのまま現在に至っている。

　これまで、市民参加の形態について陪審論と参審論があったが、とくに陪審論については、市民運動として長い活動をしている団体がある。

大阪・京都には「陪審制度を復活する会」があり、現在でも毎月1回の例会、連続セミナーを開いて活動し、発行部数7,000部の機関誌「陪審制度への道」を年何回か発行している。東京には「陪審裁判を考える会」があり、新潟にも「新潟陪審友の会」があって、現在もなお勉強会などを続けている。

　今回の裁判員法が、これらの運動からの要望を容れて立法されたものとはいえないことは冒頭で書いた「司法制度改革審議会意見書」に始まる立法経過のとおりだ。

　その過程で、内閣に設置された「司法制度改革推進本部」の「裁判員制度・刑事検討会」に委員を出した日本弁護士連合（日弁連）は、それに先立って長年「司法制度委員会」を設け、各（都道府県）単位弁護士会も「司法制度委員会」（東京三弁護士会は合同の「陪審委員会」）などの名称の委員会を設けて、司法への市民参加運動をしてきた。これら弁護士会の市民参加運動は、参審論の研究をもしていたが、弁護士の意見の大勢は陪審制の制定ないし復活であった。

　政府の司法改革に対応して、日弁連はこの方向でまとめたオフィシャルな見解「『裁判員制度』の具体的制度設計にあたっての日弁連の基本方針」（2002年8月23日採択）とその前提作業のために臨時に設置された「日弁連司法改革実現本部」[14]の「『裁判員制度』の具体的制度設計要綱」を「会内外の討議資料」として臨んだ。その基本方針は、①裁判員の数は裁判官の3倍以上であること、②直接主義・口頭主義を徹底すること、③評議、評決によるルールを確立すること、④完全な証拠開示と充分な準備期間を確保すること、⑤身体拘束制度を抜本的に改革すること、と要約されている[15]。

　「検討会」で日弁連からの委員は、当然この方針を主張したが、そのうち②③⑤と④のうち「充分な準備期間」[16]は刑事訴訟法改定の中でまったく触れられないまま終わり、「証拠開示」が、連日開廷法制についての立法例としては異例な制限された形で「公判前整理手続」[17]の一端として制度化された。

---

14) 筆者もその委員だった。
15) 日弁連が、2003年5月30日付で「検討会」に提出した「裁判員制度『たたき台』に対する意見」。
16) 迅速な裁判、とくに裁判員制度に伴う裁判員の負担を軽くするためとして連日開廷が制度化される以上、アメリカなどで行われている準備のためのウェイティング・トライアル（公判待ちの期間）をも制度化しなければ、とくに被告・弁護側は公判の準備ができないまま連日開廷を義務づけられ、弁護活動ができないことになる。

その中でただ①だけが、次に述べる裁判員制度の「ねじれ」の中に、多少その痕跡を残していると言えるかもしれないことは、次項で触れる。

3. 日本の裁判員制度の「ねじれ」

さて、こうして立法化された日本の裁判員制度は、陪審なのか参審なのか。それを考えるために、上記した陪審と参審を分ける要素を一覧表にして、そこに裁判員制度も入れてみよう。

[陪審制度と参審制度＝市民参加の司法制度の要素の比較]

		陪審制度	日本の裁判員制度	参審制度
(i)選任方法		無作為抽出（一般市民）		推薦など能力資格
(ii)選任への当事者の関与忌避制度		あり		なし
(iii)執務形態		事件ごと		一定期間の任期
		第一審の事実審のみ		国により高裁などにも
(iv)裁判体の構成		市民多数 裁判官1人	市民（多？少？数） 裁判官複数	市民少数 裁判官複数
(v)権限・裁判官との関係	事実認定	市民のみ 説示制度あり 全員一致原則（地域により例外）	裁判官と市民の評議 説示は規定上はなし 裁判官と市民を合わせた多数決	
	法令の適用	裁判官のみ	法令の適用は市民と裁判官 裁判官のみで法令の解釈 訴訟手続に関する判断	
	量刑	裁判官のみ（例外：地域により死刑などは市民）	量刑は市民と裁判官	
(vi)市民参加に何を期待		一般市民の事実判断（民の声は天の声）		専門家参審は裁判官補助
			刑事裁判員は？	刑事参審は？

---

17) 新設された刑訴法316条の2〜32。

表を一見してわかるように、日本の裁判員制度は、(i)から(iii)までは陪審の性格をもち、(iv)では市民の数は陪審と参審の中間くらいだが、裁判官の数が3人と相対的に多く、だからどちらともいえないが、ドイツなど完全に参審制をとる国と比べると相対的に市民の数が多く、どちらかといえば陪審的になる。その上で(v)の権限と(vi)の市民参加への期待の点では、詳しくはあとで書くように複雑だが参審制により近い、という「ねじれ」現象を持った制度だといえる。「ねじれ」現象を持った制度である点で、両制度が混在しているかのようなフランスと似ているが、違う点もある。

　大切なことなので、以下、少し詳しく見ていこう。

(1)　選任方法＝厳格な非専門性・素人性の要求

　「どのような市民が裁判員になるのか（なれないのか）」は、日本の裁判員法では、第2章第2節「選任」と第3節「解任等」に規定されている。13条から48条まで全部で36条あり、またほとんどが非常に長文の規定なので、裁判員法全体のほぼ半分を占める。なかでも、「なれない」理由（以下「欠格等」と表記する）がボリュームでは大きな部分を占め、参加する市民の資格を厳しく限定している（裁判員法14・15条）法制だ。

　国家公務員、国会議員、国務大臣、国の行政機関の職員、法曹（裁判官、検察官、弁護士と各「であった者」）弁理士、司法書士、公証人、司法警察職員としての職務を行う者、裁判所・法務省の職員、国家公安委員会委員及び都道府県公安委員会委員並びに警察職員、判事、判事補、検事又は弁護士となる資格を有する者、学校教育法に定める大学の学部、専攻科又は大学院の法律学の教授又は准教授、司法修習生。

　このような広範な排除は立法例がない。将来の法曹である司法修習生、「大学の学部、専攻科又は大学院の法律学の教授又は准教授」まで排除するということは、「法律の知識を持った者は排除」ということになるだろう。

　これは「裁判所・法務省の職員」を排除する（これも比較法的には珍しいが）のとは趣旨がまったく違う。関係官庁の職員は、裁判所や法務省に気兼ねして評議で忌憚ない発言ができない趣旨だと言えるが、司法機関と雇用関係にはない法曹、さらに実務家法曹でもない大学教員などを「法律の知識を持っている」という理由で排除することには、どのような意味があるのだろう

か。客観的に見れば、裁判官と法律の論点で互角に渡り合える者が、裁判員の中に入っては困るということにしかならない。

　このようにして限定される裁判員は、世界のどの国よりも「法律の素人」である。つまり選任方法の点で、裁判員制度は、いわば「もっとも突き詰められた陪審性」を持つ制度だといえる。

(2)　選任への当事者の関与・忌避制度

　「理由つき不選任」「理由を示さない不選任」（裁判員法34条・35条・36条）は、英米法系陪審制の「理由付き忌避」「専断的忌避」の制度をそのまま取り入れている。その点でも、日本の裁判員制度は陪審制そのものなのだ。

(3)　執務形態

　事件ごとに選任され、事実審である第一審のみに関与する。これも完全な陪審制だ。

(4)　裁判体の構成

　陪審制では、市民12人がほとんどで、上記した「比較的大きなグループに通常含まれる見解の幅の大きさを確保すべき」とする制度趣旨からは最低6人とされている。アメリカの州のうち6人でよいとしている州や地域があるが少数だ。裁判官が1人なのは、実体判断をせず手続の進行係と両当事者の争いがあるとき手続法上の判断をしてアンパイヤの役割をするだけだからだ。

　参審制では、市民2人から3人と裁判官1〜3人の組み合わせで、2対2という国も多い。市民6人という参審制はない。

　日本の裁判員制度は、基本タイプは市民6：裁判官3（裁判員法2条2項）で市民の数としては陪審の最低6を満たしているが、裁判官の数が3と多いことが、陪審制とは相容れない。しかし、市民9人に裁判官3人というフランスの構成は、上で書いたように、市民の数が多い点では陪審と見る人が多い。

　実はこの制度をつくった政府の「司法制度改革推進本部裁判員制度・刑事検討会」で、日弁連出身の委員は日弁連の方針である「市民12：裁判官1」（つまり陪審構成）を主張し、ついで裁判所などの方針が「裁判官3」であることが明らかになった段階で「裁判官1ないし2、裁判員9ないし11」を主張

した[18]が結果的に容れられなかった。

　裁判所などが裁判官3に固執したのは、現在の合議体が裁判官3であることがあったようだ。そこでこの論議の過程で改めて、従来の合議体ではなぜ裁判官が3人だったのかが問い直されることになる。法律の判断において裁判官の意見が異なりうることも制度の理由だという説があり、それでは単独部では、誤った法律判断がチェックされないことになる（法律判断の誤りは上訴理由となる点では合議部と単独部の間に差はない）、裁判官3は、やはり事実認定での「通常含まれる見解の幅」を裁判所側から調整しようとする制度だろうともいわれたが、成立した条文では「次に掲げる裁判所の判断は、構成裁判官の合議による。一　法令の解釈に係る判断 」（裁判員法6条2項1号）となっていて、前者の説で立法された（事実認定の見解の幅が理由ではない）ことが条文上はっきりした（裁判員法では「構成裁判官」とは裁判員らとともにその裁判体に入っている3人の裁判官を指す用語）。

　裁判員法では、6：3の基本タイプのほかに、争いがない事件「公判前整理手続による争点及び証拠の整理において公訴事実について争いがないと認められ、事件の内容その他の事情を考慮して適当と認められるもの」で「公判前整理手続において、検察官、被告人及び弁護人に異議のないことを確認し」たもの（＝裁判員法2条2項〜4項）では、裁判官1に市民4の構成としている。裁判官1である点は陪審といってもよいが、陪審としては市民の数が少なすぎ、参審としては多すぎる。ともに世界に例がない構成で、この点では陪審とも、参審ともつかない構成になっている。

(5)　市民裁判官の権限の範囲
(a)　対象事件

　裁判員が参加する事件は、まず事件の性質で限定される（「対象事件」）。「一　死刑又は無期の懲役若しくは禁錮に当たる罪に係る事件　二　裁判所法第二十六条第二項第二号に掲げる事件であって、故意の犯罪行為により被害者を死亡させた罪に係るもの（前号に該当するものを除く。）」で、「裁判所法第二十六条の規定にかかわらず」として、従来合議体で審理すると定めら

---

[18] 前掲注15）日弁連「裁判制度『たたき台』に対する意見」1−(1)。

れていた事件＝死刑・無期と法定合議事件＝の一部を「この法律の定めるところにより裁判員の参加する合議体が構成され」る、つまり3条によって除外され、4条によって併合されるなどの処理をしたうえで対象とする(2条1項)。

(b) 被告人に選択権なし・争わない事件も

多くの経費と市民の負担を掛ける市民参加裁判を重い犯罪にだけ用いるのはどの国でも同じだが、日本の裁判員制度では、日弁連などの反対を押し切って、①「対象事件」とされた事件では被告人に裁判官のみの裁判を選択する権利を認めない(市民に裁いてもらうのは権利ではなく、被告人の義務とする)ことと、②被告側が有罪／無罪を争わない事件(日本では「自白事件」という呼称で定着している)をも市民参加で行う、という特徴がある。どちらも参審制に近く、陪審制にはない制度で、「同輩による裁判」を被告人の権利とする思想、「刑事訴訟物」についての処分権を否定する制度とするために[19]、また市民に量刑だけをさせるために、莫大な費用と(参審制よりは)多数の市民を動員することになっている。説示とは直接関係しないが、ここにも参加市民にとっても、被告人にとってもよいとはいえない大きなねじれが見られる。

(c) 部分判決制度

本稿執筆中の2006年10月、法制審議会に「第二次裁判員法改正」(弁論の分離併合)が諮問された。「要綱」によれば同一の被告人に併合して公訴提起された数個の対象事件を分けて「区分事件」とし、同一の構成裁判官が数個の別の「裁判員ら」(6人一組)と構成する裁判体で「区分審理」をしたうえ「部分判決」をする。最後の区分事件を審理した裁判体が「併合事件の全体について終局の判決」をする。

「裁判員の負担を考慮し、その円滑な選任を確保するため」の制度改訂とされるが、最後の裁判体に属する裁判員らは、他の区分事件の審理に関わら

---

[19] これは「司法制度改革審議会意見書」からの方針で「新たな参加制度は、個々の被告人のためというよりは、国民一般にとって、あるいは裁判制度として重要な意義を有するが故に導入するものである以上」という(106頁)。量刑だけをさせるのが、なぜ国民のためになるのか説明はない。

ないのに、全体についての量刑をすることになる。すべての事件に関わる構成裁判官との情報量の格差も問題だが、裁判官と裁判員の権限の差（裁判官らは併合起訴されたすべての事件について裁判する権限があるのに、裁判員らはそれぞれ区分された個々の事件についての権限しか持たない）の問題としても疑問が指摘されている。このまま立法されれば、陪審／参審のどちらにもない日本独特の裁判官優位な制度となる。

(d)　言い渡すことのできる判決

「刑の言渡し」「刑の免除」「無罪の判決」つまり「少年法による家裁への移送の決定に係る裁判所の判断」以外は、一審裁判所ができる終局裁判のうち、免訴判決、公訴棄却の判決と決定はできない。次に書くように、手続的な判断だから裁判官のみでするということだろう。有罪／無罪と評決に達しないことのみを答申できる陪審制からすれば、刑の免除の言い渡しができるところ、手続判決も言い渡せる点でも違う、独自の制度だ（63条）。

(e)　裁判員の権限＝裁判官との権限の配分（協働の形態）

裁判員法6条1項1〜3号は、裁判員の権限事項として「一　事実の認定、二　法令の適用、三　刑の量定　」と規定している。この権限は陪審にはない法令の適用と量刑を含む点で陪審より広いが、市民だけでは何事も決定できず「合議体の構成員である裁判官との合議」（いわゆる「協働」）によってのみ行使できる点で陪審より限定され、参審に近い。

しかし参審にはない限定が付けられている。6条1項の裁判員の権限規定には「（次項第一号及び第二号に掲げるものを除く。）」という括弧書きがついている。わかりにくい条文の作り方だが、その6条2項は「一　法令の解釈に係る判断、二　訴訟手続に関する判断（少年法第五十五条の決定を除く。）、三　その他裁判員の関与する判断以外の判断」は「構成裁判官の合議による」となっていて、つまり「事実の認定、法令の適用、刑の量定」の範囲に属することであっても「法令の解釈」等の三項目の判断は裁判官だけできめるのであり、裁判員には権限がない、という意味なのだ。

この規定は、今後大きな問題となりうる規定だ[20]が、本書ではとりあえず、裁判員は、法令（「訴訟手続に関する判断」は別に6条2項2号で除外されて

いるのでこの「法令」は実体法と考えられる)の「適用」の権限を持つとされながら、その法令の「解釈に係る判断」は裁判官が独占する——という構造に着目しておきたい[21]。

「裁判長は、必要と認めるときは、第一項の評議において、裁判員に対し、構成裁判官の合議による法令の解釈に係る判断及び訴訟手続に関する判断を示さなければならない」(同66条3項)。「裁判長は、第一項の評議において、裁判員に対して必要な法令に関する説明を丁寧に行うとともに、評議を裁判員に分かりやすいものとなるように整理し、裁判員が発言する機会を十分に設けるなど、裁判員がその職責を十分に果たすことができるように配慮しなければならない」(同66条5項)。「裁判員は、前項の判断が示された場合には、これに従ってその職務を行わなければならない」(同66条4項)。

これは実は陪審制と同じ構造だ。あとで書く(41頁)ように、陪審は裁判官の説示によって示される法律の解釈に拘束され、その範囲内で事実認定をする。陪審員が職務に就くにあたってする宣誓には「裁判官のする説示に従う」ことも入っている(なお、陪審裁判でも訴訟手続上の決定は裁判長に専属する)。これに対して、参審員については、裁判官の法律判断に従うという制度はない。

---

20) これまで裁判所がする実体法の適用は、常にその法令の解釈と不可分だった。実態的に見ればむしろ、ある具体的な事実への当てはめを通じて、裁判所は実体法についての解釈(判例法)を形成してきた。たとえば、ある行為形態(公訴事実)を横領として処罰するのか、詐欺として処罰するのか、そのどちらの類型にも当たらないとして無罪判決をするのか。日本の裁判所は、実態として、まず処罰すべきかどうかを決めて、それに合うように実体法の解釈をしてきたというところがある。そうであれば、ある具体的な事実について、法令の「解釈に係る判断」をすることは、処罰するかどうかを決める実質をもっている。裁判員裁判で、事実認定と法令の適用に関する「協働」が、どういう実態になるのかによっては、裁判員の「事実の認定」と「法令の適用」の権限、ひいては「刑の量定」の権限が実質的にどちらにどの程度まで帰属するのかが決まらざるをえない。この点は、本書のテーマである説示と深く関わるので、次章で改めて論じるが、市民参加が実務に定着していけば必ず大きな論争点になるだろう。

21)「法令の解釈に係る判断及び訴訟手続に関する判断」は(裁判員を入れずに)構成裁判官のみで行う(裁判員法68条1項)。裁判員・補充裁判員にこの評議の傍聴を許し、裁判官の専権事項とされる「法令の解釈に係る判断、訴訟手続に関する判断、その他裁判員の関与する判断以外の判断」については「裁判員・補充裁判員の意見を聴くことができる」(同法68・69条)。これは不思議な規定だ。構成裁判官のみで行うこの評議は「法令解釈」など「裁判員の関与する判断以外の判断」について行われるはずだが、この裁判員法68条3項は、それ以外の裁判員判断事項についてもマターとされている前提になっている。前掲注20)で述べた従来の裁判所の事実認定と「法令解釈」の絡み合った関係性が表れていると見られる。

日本の裁判員制度は、市民裁判官の事実認定の権限については、実は陪審制と同じ基本構造を持っているのだということに、われわれははっきりと注意を向けなければならない。ねじれ現象は、市民裁判官の判断の部分では陪審制にねじれているのだ。

　ただ、陪審裁判での説示と少し違うところがある。①ここでの「法令の解釈」を「示さなければならない」のは、「裁判長は、必要と認めるとき」とされていて、「必要と認めないとき」はしなくてよいこと、②示されるのが「評議において」、従って非公開であることだ。ただ、裁判員法は、このほかに英米法の説示と同じ方式の「必要な法令に関する説明を丁寧に行う」ことを排除してはいないことを、ここではコメントしておこう。

(f)　評議

　裁判員の上記した3つの権限は、裁判員と裁判官の「評議」とこれに続く「評決」によってのみ行使される。評議は、構成裁判官と裁判員とで行い（66条1項）「裁判員は前項の評議に出席し、意見を述べなければならない」（同条2項）。裁判員の義務である。

(g)　評決

　評議における裁判員の関与する判断（事実の認定、法令の適用、刑の量定）は、構成裁判官及び裁判員の双方の意見を含む合議体の員数の過半数の意見による（つまり9人中市民6人だけが一致して過半数になっても、それを評決とすることはできない）（同67条1項）。裁判員制度に独特の制度だ。

　刑の量定については、「意見が分かれ、その説が各々、構成裁判官及び裁判員の双方の意見を含む合議体の員数の過半数の意見にならないときは、その合議体の判断は、構成裁判官及び裁判員の双方の意見を含む合議体の員数の過半数の意見になるまで、被告人に最も不利な意見の数を順次利益な意見の数に加え、その中で最も利益な意見による」（同67条2項）。

　これら「評議」「評決」の方法が、裁判官も加わってする点で参審制に近いことは上記したとおりだ。ただ、日本の裁判員制度は、多数意見の方に裁判官が一人必ず入らなければならないという点で、他の参審制と違って、官の判断の優位性を制度化している。

以上、分析してみると、日本の裁判員制度は、「(5) 市民裁判官の権限の範囲」の部分では、非常に入り組んだねじれ現象を示していることがわかる。

(6) 市民参加に何を期待するか

裁判員制度が、市民だけの判断では何事も決定できない制度としていることで、陪審制のように、一般市民の事実判断を「民の声は天の声」として裁判結果に生かす制度ではないことは明らかで、その点ではむしろヨーロッパ大陸の参審制、それも専門知識で裁判官を補助する専門家参審ではなく、客観的には目的性が明確には見えない刑事参審に近いことは明らかだ。

裁判員法の目的規定には裁判員に何を期待するかは書かれてはなく、ただ制度の目的として「国民の中から選任された裁判員が裁判官と共に刑事訴訟手続に関与することが司法に対する国民の理解の増進とその信頼の向上に資することにかんがみ」「必要な事項を定める」と書かれているゆえんだろう。

4. 日本の「裁判員」はどうして職務を果たせるか

さて、以上のように、陪審と参審の両制度にまたがってねじれている日本の「裁判員」の性格を、裁判員が刑事被告人の運命を決めるについて、どのような法的な情報に基づいて得た判断基準によって決めることになるのか、という観点から整理してみよう。

裁判員法の下で裁判員になるためには、素人裁判官としても類例のない厳格な法律非専門性・素人性を要求されている。自薦は許されず、司法にはまったく関心のない市民も選任される。参審員のように何らかのレベルを要求されず、担当事件限りの任務であり、裁判参加の経験はない市民が選任される制度だ。

しかしそこで彼／彼女が行うことは、庶民の知恵による事実の認定ばかりではなく、法令の適用、刑の量定までを裁判官との合議で、しかし「独立してその職権を行う」（裁判員法8条）。つまり、きちんと裁判官と議論し合って判断し、それを判決に生かす義務がある。

上記のような「純粋に非専門的な素人」に、どうしてそれができるだろうか。前記のように裁判員法は、「裁判長は、必要と認めるときは、第一項の評議

において、裁判員に対し、構成裁判官の合議による法令の解釈に係る判断及び訴訟手続に関する判断を示さなければならない」(66条3項)としているが、こういう素人に対して、いったい「法令の解釈に係る判断及び訴訟手続に関する」説明をする「必要がない」ことがあるのだろうか。その説明なしに、素人がどうして事案について「判断」することができるのだろうか。

　上に紹介した裁判所施行のアンケートで「裁判員制度に対する負担感や抵抗感」の問に「仕事を休む」「子どもの世話や介護」などの巷間いわれている理由よりも「評議などできちんと意見を言う自信がない」、「裁判官と対等に議論するなど無理」などの回答がより多く選択され、「制度に参加する際の要望」にも「裁判の初めに、裁判員が判断しなければならない点や、特に注意しておかなければならない点を、よく説明してほしい」、「評議では、裁判官から、判断の仕方や証拠の内容などについて、充分な説明を受けたい」が高い回答数を示しているのは、裁判員制度の「フォーラム」に参加してレクチャーを受け、多少とも制度の仕組みを知った国民の、この点についての不安の表明であると考えなければならないだろう。

　素人だからといって、裁判官のする判断の場にただ同席しているのではすまないことはもとより、内容を充分に理解しないまま、発言することができず、あるいは何となく裁判官に同調して裁判を終わることは、国民を代表して被告人の運命を左右する裁判員として許されないことだ。2001年の司法制度改革審議会意見書を受けて導入された市民裁判官の刑事司法への参加は、これまでの職業裁判官のみによる裁判の限界を打破するために、莫大な費用をかけて、素人裁判官の意見を裁判に生かすために導入されたはずだ。

　さらに、陪審員と同じ無作為抽出で選ばれながら、事実認定の権限を独占的に委ねられていない裁判員が参加することによって、「裁判員制度」が、市民参加制度の本質である「職業裁判官による事実認定の独占状態に終止符を打つ制度」となりうるのか、上記したドイツやオーストリアの例のような形だけの制度となるのかは、裁判員がどれだけ事実認定、法令の適用、量刑の意味と制度を理解し、実質的な発言をすることができ、それがどれだけ裁判官によって尊重されるかにかかっている。

　逆に興味深いレポートがある。模擬裁判で裁判員役をすべて「地方裁判所委員会・家庭裁判所委員会」の委員が務めたという事例報告で(この委員会

は法曹三者にマスコミ人や病院長などの有識民間人も含む、裁判所運営に意見を交わす常設の委員会なので民間人委員も基本的な司法についての情報を持っている状況)「議論百出」したが、結果的に殺意が否定された経験を報告して、「裁判官の意見に遠慮しない議論が展開されれば『疑わしきは罰せず』という法格言が題目だけに終わらないことを知る格好の機会となった」という[22]。

　最も素人らしい素人から選ばれる裁判員が「独立して」裁判官と「評議」して「裁判に国民の意見を反映させる」という市民参加本来の目的＝裁判官だけの裁判では発生するかもしれない誤りや不適切な裁判を市民参加によって是正する＝を達成するためには、参加する市民が「裁判官の意見に遠慮しない議論」ができるだけの基礎知識を与えられていなければならないのだ。

　裁判員法施行を2年あとに控えて、そのための具体的な制度設計が見えていないことに、危惧を感じる。

　法律の素人である市民が、裁判を行う陪審裁判の伝統が長い英米法系の裁判では、裁判官が、陪審員に「説示」(instruction、information、具体的な指示という意味ではdirectionなど。日本語訳としては「説示」が多く用いられているが、日本の従来の判決書のうちの判決理由を構成する文章のことを「説示」と呼ぶ場合もあるのでまぎらわしい。前者の意味で用いる用語のコンセンサスがない現状で、本稿ではやむをえず「説示」の語を用いる)が詳細に制度化されている。

　比較法的にも稀な素人性を持った日本の「裁判員」が、裁判官と「遠慮しない議論」ができることが求められるという独特の「ねじれ」制度のもと、日本の裁判員は、素人だけで議論する陪審員よりも、本来さらに高度な基礎知識の付与がされなければならない。その内容をどう設定するのかは非常に困難な課題だが、少なくとも制度設計のために今から最初にするべき準備は、同じように無作為抽出の一般市民に、裁判をするに必要最低限の法的知識を伝達する英米の「説示」をモデルに、裁判員への説示モデルを策定することだろう。

---

22) 安田寿朗「裁判所をもみほぐす」日弁連委員会ニュース2006年12月号2頁。

第3章 英米陪審制度の説示モデル

1. 陪審制度と説示モデル

　裁判官が陪審に与える法の解説である「説示」は、その内容次第で、評決の内容を180度変えることすらできる。説示が個々の裁判官の個人的な見解によって行われてはならない所以だ。

　イギリスでは「裁判官会議」が、アメリカでは連邦、州の各事実審裁判所ごとに、裁判官による専門の委員会を設けるなどして、それぞれ分厚いモデル説示集をつくり、実際に使用しながら検討を重ね、不断に改訂を重ねている[1]。

　以下に紹介するのは、刑事裁判についてのそれもごく基本的な原則についての説示だけだが、各説示集は、手続原則のあとに証拠細則的な説示、そして実体法についても刑法総論に関する説示、各犯罪類型ごとの説示が続き、全体では部厚い1冊の本に相当する。

　『アメリカ合衆国地方裁判所刑事訴訟規則』30条説示instructionは、「証拠調べが終わったとき、又はこれより前であっても、裁判所が相当と認めて指示するとき、各当事者は、裁判所に対し、請求の書面を提出し、法律問題について、請求書に記載したとおりに陪審員に対し説示をするよう求めることができる。請求と同時に、請求書の謄本を反対当事者に交付しなければならない。裁判所は当事者が陪審に対して弁論をする前に、検察官および弁護人に対し、この請求に対して裁判所がとる予定の措置を告げなければならない。

　裁判所は、最終弁論が終了する前、それが終了した後又はその両方の時点において、陪審に対し説示をすることができる。当事者が説示のある部分又はその遺脱を、瑕疵として主張することができるのは、陪審が評議のために退出する前に、異議を申し立てる事項および異議の理由を明示して、これに対して異議を申し立てた場合に限る。この異議の申し立てについては、陪

---

[1] しかしその内容は、何世紀にもわたる陪審裁判の実務の積み重ねによっているので、裁判所によって言い回しに多少の差があっても、基本的な内容には違いがない。

審がこれを聴取できないように、さらに、当事者の請求がある場合には、陪審の面前以外で、これを行う機会を与えなければならない」と規定している（1987年改訂以前は「裁判所は当事者が陪審に対して弁論をする前に、代理人に対し、この請求に対して裁判所がとる予定の措置を告げなければならないが、陪審に対して説示をするのは、当事者の弁論が終わった後でなければならない」となっていたものが、「弁論前」も加えて改定された）。

アメリカ法曹協会ABAが「30年にわたる司法運営改革についての地道な努力の積み重ね」を結実させて[2]1976年に採択した「事実審裁判所に関する基準」Standards Relating to Trial Courtsでは、その「2・13」項「陪審への説示」の注釈で、

「審理のはじめに、基本的問題について最初の説示を与えること

審理中に、特別の問題が焦点となったときには、審理の終結まで待つよりもむしろその時にその問題について説示を与えること

説示を転写するか、説示を書面にし、それをそのまま口頭による説示の補充として陪審に利用できるようにすること」
となっていて[3]、これが上記連邦規則の改訂にも影響し、また多くの州の実務にも反映されている。

具体的な裁判では、裁判長が、モデル説示集のなかから、基本的な原則に関するものと当該事件での事実関係に応じて選んだものを両当事者に示し、両当事者の要望を聴いた上で、合意された説示内容を確定する。この内容は、文字化され、両当事者はもとより、陪審員にも配布されたうえ、公開の法廷で被告人及び弁護人の面前で、開廷と証拠調べ終結後（州により、裁判所によって、検察官・弁護人の弁論前または後に）[4] 州により、裁判所によってはさらに審理中にも、陪審に向けて口頭で行われている。

そのときには、裁判官は両当事者合意で確定した内容を一字一句変更しないことはもとより、抑揚のつけ方によっても公平性が害されるので、抑揚を

---

2) 法務大臣官房司法法制調査部『アメリカ法曹協会による裁判所組織・事実審裁判所・上訴審裁判所に関する基準』法務資料443号119頁（法務大臣官房司法法制調査部、1982年）。
3) 前掲第1章注4) 129頁。
4) 伝統的には弁論もすべて終わったあとで説示されていたが、説示の後に弁論をするのは、説示と関連づけてできるので、陪審の判断のために便宜だとの考え方によって、後にさせる裁判所もある。

1. 陪審制度と説示モデル 39

廃して無表情に読む[5]」。

　以上に反してなされると（「容認され、パターン化された説示などから離れること」などと表現されることもある）[6]そのために事実認定に影響を及ぼした可能性が認められれば、（英米法では日本よりずっと限定されている）上訴理由にもなる。とくに、当事者は自分の請求した説示が盛り込まれなかった場合は異議を出し、請求と異議は記録にとどめられる。請求や異議が不当に退けられることも重要な上訴理由となりアメリカで「上訴審で原判決が破棄される例の一割くらいはこの点の過誤が理由」[7]という。

　素人裁判官が行う事実認定について、公正に基準を示すことは、それほど厳格で重要なものなのである。第2章で述べたように、立法例を見ない素人性を要求されている日本の裁判員に、職業裁判官に伍して「裁判官の意見に遠慮しない議論」ができるだけの基礎知識を与えることができなければ、裁判員裁判は法の予定する制度趣旨を達成できない。素人裁判官のみで事実認定を行うのではないことを理由に、判断基準をきちんとレクチャーすることなく評議に参加させることを「市民感覚による裁判」として許されると考えているとしたら、とんでもない間違いである[8]。

2. 英米の説示モデル

　あるべきレクチャーのモデルとして、英米陪審裁判で用いられている説示モデルを見てみよう。素人に裁判を行わせるために最小限必要な情報提供が何であるか、英米での説示の内容を垣間見ることによってわかるはずだ。

---

[5] そのため「あまりにも単調な読み方ですので、陪審員のなかには居眠りをする人もいるほどです」ローク・M・リード他『アメリカの刑事手続』（有斐閣、1987年）285頁。
[6] 日弁連裁判員制度実現本部「ワシントンDC　ヴァージニア州　陪審制度調査」（2004年7月25〜28日）報告書（日本弁護士連合会、2003年）116〜117頁。
[7] ローク・M・リード他前掲注5）285頁。
[8] 2005年に実施された法曹三者による模擬裁判開催の目的について、東京地裁の実施提案書では「在京法曹三者が共同して裁判員裁判の模擬裁判を実施することにより、手続の具体的イメージを共有して理解を深めること」。東京地検の実施提案書は「模擬裁判を実施し、これを広報用に公開することにより、裁判員法附則等において周知活動が求められている対象のうち特に『事件の審理及び評議における裁判員の職務等』について、都民を中心とする国民の理解を得ること」（各説明用ペーパー）とされている。周知活動やイメージの内容が問題なのだ。

裁判所には、ぜひいくつかの説示モデルの翻訳から始めてほしい。学ぶことは非常に多いはずだ。莫大な予算はこういうことに使ってほしい。

　以下に、イギリスとアメリカで使われている説示モデルから、最低限の基本となる開廷時の説示を中心に、いくつかを紹介してみる。

　イギリスのものは2000年4月に日弁連のイギリス陪審制度視察の際にブリストルの地裁で用いていた（全説示集のなかから抜粋したもの）をもらってきたもの（本稿では以下Eと表示）。アメリカのものはネットからダウンロードした連邦第9巡回裁判所の2005年版（United States Ninth Circuit Model Criminal Jury Instructions＝Cと表示）とアラスカ州地裁の2006年版（Alaska Criminal Pattern Jury Instructions＝Aと表示）の各アットランダムな一部である。ともに項目ごとに細分化された番号が付けられている（たとえば開廷時にする基本原則的な説示には1と枝番など＝本稿では参考のためその番号を付した。「1　陪審員の任務の教示」などの見出しは、見やすいように筆者が付した）。英米いずれでも、各説示ごとの末尾に、使用する裁判官に向けて関連の判例や、説示を用いる場合の注意（英ではnote、米ではComment）が付けられていることが多い。本稿では紙数の関係で、とくに本稿に必要なもののみ【原注】と表示して挙げておく。

1　陪審員の任務の教示

陪審員の宣誓（A 1 – 2）

　あなた方はこの事件の陪審員として選ばれました。あなた方が陪審員としての宣誓をする前に、私はあなた方に陪審のメンバーであることの重大さと重要さについて強調しておきたいと思います。陪審による公判は、アラスカ州における基本的な権利です。それは各々の事件が、公正に選ばれた、事件について偏見を持つことのない、提出された証拠によって公正な評決を尽くすべく努める市民によって決定されることを保障しているのです。あなた方は、あなた方の陪審員としての資格について質問される前に宣誓をしています。今、あなた方は第二の宣誓をするために呼び出されています。この宣誓によってあなた方は、私があなた方に与える、法に従って提出された証拠によって、この事件を決定することを誓

い、確約するのです[9]。

　この宣誓をすると、あなた方は重大かつ重要な義務を負うことを承認することになります。陪審制度は、個々の陪審員の正直さと誠実さに依拠しています。あなた方はこの陪審に就任するための資格についてのあなた方の答えが完全であり間違いなかったことを誓い、確約しています。あなた方は、あなた方がこの事件について、本当に偏頗でないと誓い、確約しています。あなた方は、あなた方がこの事件についての陪審に就任するための能力について、私や事件の両当事者が知りえたことのほかに何もないと誓い、確約しています。

　あなた方のうちどなたか、この宣誓をするべきでないと感じている方がおいでですか？　私や事件の両当事者が知りえたことに、何か付け加えることをお持ちの方はいますか？　どんな個人的なことでもお聞きします。

　では、宣誓はここに行われました。

陪審員の行動（A1-3）
　今から、公判審理が終わって、私があなた方をこの事件について決定するために陪審室に送り出すまで、あなた方がいくつかの説示に従うことは大切なことです。

　第一に、この事件について、あなた方同士の間でもその他の人との間でも、話をしたり、意見を表明したりしてはなりません。あなた方がこの事件について話をしたり、意見を表明したりできるのは、ただすべての証拠調べが行われ、私が、法に基づいてあなた方にする説示を聞いたあとです。事件が進行している間は、証拠のうちの一部分がまとめて提出されることがあるだけなのだと思うだけにしておいてください。あなた方は、開かれた心を保ち、評議以前に意見を持ってはなりません。あなた方は、最終の評議で、他のメンバーと見解を交換したあとでだけ、あなた方の結論に到達することができるのです。

　第二に、他のいかなる人にも、あなた方のいるところで、この事件について論議することを許してはなりません。この注意はすべての人に対し

---

[9] 陪審員の宣誓は「法律と裁判官の説示に従う」ことを宣誓する。

て適用されます。あなたの家族、友人、近隣者、法廷傍聴者、証人、新聞記者、そしてこの事件の当事者もです。もし誰かがあなた方にこの事件のことを話しかけたり、議論を仕掛けたりしたら、その人との接触を打ち切り、メモを法廷書記官か廷吏に渡して、その出来事をできるだけ早く私に報告してください。あなた方は、誰かがあなた方に対してこの事件のことを議論しかけようとしたことだけでなく、あなたが法廷の注意を引く必要があると感じたその他の事実についても、同僚の陪審員と議論してはなりません。ただ、そのことを私に話すだけにしてください。

　第三に、接触した人のことについて、世間話をするのは人間性の自然な傾向ではあるのですが、あなた方が陪審を務めている間は、あなた方は、この事件のいかなる当事者についても、彼らの側の法律家についても、証人についても、どんな話題であっても話してはいけません。私の意味するところは、あなた方はただこの事件について議論してはいけないだけではなく、なんであれ、どんな時であれ、議論してはいけないということです。あなた方が、裁判所の建物内、エレベーター、レストラン、廊下、その他の場所にいるとき、この事件のことを法律家、当事者、証人、あるいは他の誰かが話していたら、あなた方はその話を聞くことを避けるために、直ちにその場を離れなければいけません。当事者たちが、陪審員としてのあなた方に期待する絶対な公平性を保障するためには、これ以外の方法はないのです。

　第四に、あなた方は、法廷の外で、この事件に関連するどんな捜査行為、調査行為もしてはいけません。法廷に向けて行われた何らかの出来事が起こったとしても、その発生場所を訪れてはいけません。あなた方はこの法廷に出された証拠だけに基づいて決めるのだということを覚えて置いてください。

　最後に、これまでにお話したように、あなた方はこの事件のことを報道する新聞を読むこと、ラジオを聴くこと、テレビを見ることを避けることが大切です。あなた、あるいは誰か他の陪審員が、この事件のことを報道するニュースレポートを見聞きしたなら、私に報せなければなりません。あなた方がそうすることは、大切なことなのです。

> 【原注】この説示は模範説示1-8、コロンビア地区刑事陪審説示（第3版、1978年）説示1-025（最初の退廷に先立つ教示のための説示）ザルツブルク＆パールマン、連邦刑事陪審説示第1巻（1985年）。開廷説示1-20A（情報公開を避けるための注意あるいは審議に先立つ退廷なしでする注意）と組み合わせになっている。

　市民裁判官が、公正な評決をするという任務を果たすために、欠くことのできない行為態様についての極めて重要なルールを教える説示である。
　その「第一」は陪審員が、証拠から心証を形成するについてのルールである。
　「事件が進行している間は、証拠のうちの一部分がまとめて提出されることがあるだけなのだと思うだけにしておいてください。あなた方は、開かれた心を保ち、評議以前に意見を持ってはなりません。あなた方は、最終の評議で、他のメンバーと見解を交換したあとでだけ、あなた方の結論に到達することができるのです」という指示は、裁判をする者の心証形成については「自由心証」の問題だとしてほとんど触れることがなかった日本の手続法学[10]に慣れている者からすれば、一見「なぜそこまで？」と思うかもしれない。しかし、すべての証拠調が終わるまでは心証を形成してはならないということは、実は非常に大切なことだ。なぜなら、人は誰でもいったん心に抱いた自らの意識に規定される。一番はじめに証拠調べされた証拠で一定の心証を持ってしまうと、無意識にその心証をもって次の証拠を評価してしまうということになる。目の前にいる被告人に殺人の前科があるということをまず知ってしまえば、起訴されている殺人事件もやったのではないかという心証を持って次の証拠をみるのは、人間の自然な感情であり、日本でも、起訴状に予断を抱かせる書類その他の物を添付し、引用するのを禁じ（刑訴法256条6項）自白は他の証拠が取り調べられたあとでなければ証拠請求できないとされている（刑訴法301条）のは、職業裁判官であっても、この人間の自然な感情を免れないからである。
　同様に一番目と二番目の証拠で形成された心証で、三番目の証拠を見る……ということを繰り返すことになる。もし、逆の順番で、証拠を見せられれば、形成される意識は違ったものになりうる。
　「事件が進行している間は、証拠のうちの一部分がまとめて提出されること

---

[10] けっして中心的なテーマではない「事実認定論」の中にわずかにその関心が見られる程度。

があるだけなのだと思うだけにしておく」ということは、生身の人間として、実際は難しいことかもしれない。しかしとくに、刑事事件は原告である国・検察官の主張と立証に始まる。裁く者が最初に見るのは、検察側の有罪証拠である。そこで有罪心証を形成してしまえば、被告・弁護側の主張・立証は、まず「言い逃れしているのだろう」という、眉につばをつける心情で見られることになる。

　この説示の「第一」は、困難なことではあっても、すべての証拠調べが終わるまでは「開かれた心を保」つことを求めることによって、陪審にできる限り公正な証拠評価をさせようとしている。

　また「最終の評議で、他のメンバーと見解を交換したあとでだけ、あなた方の結論に到達することができる」というのは、陪審の評議・評決は、ある陪審員個人の見解を求めるのではなく、司法はあくまでも陪審全員の一致した意見を「天の声」として求めているのであることを説いているのである。

　日本の裁判員ドラマは、法務省や最高裁が制作しているものも含めて、何日かに及ぶ裁判で、毎日証拠調べがされては、そのあとに裁判員と裁判官が話し合う場面が繰り返される。作劇術として、その都度証言内容を見せてから「評議」の場面を見せるためなのだろうが、少なくとも監修しているはずの法律家が、この「第一」のようなルールを知っていないことが推測され、これが裁判員裁判での実務となることを危惧する。

　「第二」は陪審員が外部の意見によって影響を受けないための厳しい規制で「誰かがあなた方に対してこの事件のことを議論しかけようとしたことだけでなく、あなたが法廷の注意を引く必要があると感じたその他の事実についても、同僚の陪審員と議論」することを禁じ、裁判長にだけ告げるようにさせるのは、外部からの影響を、他の陪審員に広げないためだ。

　「第三」の前半は陪審員同士の間で、正式な評議以前には、世間話的であっても事件について話し合うことを禁じており、後半は他の者が話し合っているのを聞くことも禁じている。その厳しさは「当事者たちが、陪審員としてのあなた方に期待する絶対な公平性を保障するためには、これ以外の方法はない」という陪審制度の長い経験からの命令だ。

　「第四」の前半は「この事件に関連するどんな捜査行為、調査行為も」禁じている。法廷で証拠調べされた証拠以外から心証をとってはいけないからだ。

日本では、裁判員裁判ドラマとして、裁判官と裁判員が、証拠調べとしての検証ではないのに事件現場を見に行って納得したとして、そこで有罪・無罪を実質的に決めてしまうというものすらある。「証拠裁判主義」を理解していないドラマが堂々と裁判員制度の教宣活動に使われている。寒心に堪えない。

　「陪審員の行動（Ａ１－３）」説示の後半はメディアの影響を排除する目的の説示だ。陪審員の誰か１人でも「この事件のことを報道するニュースレポートを見聞きした」ならば、裁判長に報告することを義務づけているほど、神経が使われている。

　日本の裁判員法は、裁判員に対して裁判終了後に、評議に関する異常なまでに厳しい緘口令を敷き、当事者に対してまでも知りうる唯一の事項＝裁判員の氏名漏示を禁じて、共に罰則までもつけている（裁判員法79条〔裁判員等による秘密漏示罪〕、80条〔裁判員の氏名漏示罪〕）。

　しかし、公判中に裁判の公正を担保するべき評議・評決に向けての前記「Ａ１－３」の説示のような規定は「裁判員等に対する接触の禁止」（裁判員法73条）と「裁判員等を特定するに足りる情報の取扱」（裁判員法72条）のいずれも外部者への禁止規定だけで、裁判員同士、あるいは裁判官と裁判員の間の審理中の意見交換などの行動を規律する規定はまったくない。

　一体何のための規制や罰則なのか。裁判内容の公正こそが裁判の目的ではないのか。

　ちなみに英米では、裁判中の陪審員に対しては上記のようにまことに厳しい行動規制をしているが、判決言い渡し後は、評議・評決について明らかにすることは、マスコミに対してすることも含めて、それが司法についての国民の理解に寄与するものとして原則自由である（個人名など個人の利害に関わることは規制されるが、それは民事法などの別の法理からである）。

　日本では裁判員による公正な判断が、どのようにして担保されるのかが法制度化されていないのである。

2　刑事裁判の原則についての説示

無罪推定（Ｅ４－426）
　あなた方がこの被告人を有罪とすることができるためには、その前に、

彼が有罪であるとの確信を持たなければなりません（これは彼の有罪について合理的な疑いを超えたことを得心した、ということと同じです）。

【原注】a これらの指示は、もしあとでsumming-up[11]の中での特別の指示とともに与えるつもりであっても、常に慣例通りにsumming-upのはじめに与えること。
　b このほかに「合理的な疑い」の意味の説明にもつとめなければならない。

無罪推定（Ａ1－6）

　刑事公判trialのほかとは違う特色は法律の用語で「無罪推定」と「合理的な疑いを超えるまでの立証責任」として知られていることです。法は被告人に犯罪について無罪であるという推定をしています。ある被告人は、訴追されてはいても、公判には、たとえて言えば何も書いていない――有罪に役立つ証拠は何もない石版[12]と共に存在しているのです。無罪推定は、あなた方が、この事件のすべての証拠によって、合理的な疑いを超える有罪、ということに満足しない限り、それのみで、被告人を無罪にするのに充分なのです。今の最後の説明、あなた方が、この事件のすべての証拠によって、「合理的な疑いを超える有罪」に満足する、ということは、立証責任と呼ばれていることです。それは検察官に、すべての疑いを超えるまでの有罪の立証を要求するものではありません。絶対的な確実さで何らかの立証をすることが可能なのは稀だからです。そのような考察は、合理的な疑いのうちの一つなのだ、と言ったほうがいいかもしれません。合理的な疑いとは、理性とコモンセンスに基づく疑いです。合理的な疑いを超える証拠とは、熟慮したあとで、あなたの重要な仕事について、納得し、ためらうことなくそれに従って行動する気になるような、そんな納得のいく性格をもった証拠でなければなりません。被告人

---

11) 審理が終わり、事件が陪審の評議に付される前に行われる法律問題や証拠の要約。当事者がする要約もsumming-upと呼ばれるが、ここでは裁判官がする結審後の説示のこと。陪審裁判の伝統として、裁判官が、取り調べられた証拠について内容を要約し、それについてweight of evidenceについてコメントすることもsumming upと呼ばれ、イギリスでは現在も行われているが、アメリカでは陪審の独立を害するとして、この意味のsumming upとコメントの双方、またはコメントのみを州憲法や法律で禁止しているところが多い。74％がどちらも行われなかったとの調査結果もあることについて前掲注5)の288頁。
12) 何も書いていない白紙の状態という意味。「石版」というたとえは古めかしいが、そうした時代から用いられている説示だということを示している。

はけっして単なる疑念や推測で有罪と決められてはならないのです。

合理的な疑いを超えて被告人が有罪であることを立証する責任は、常に検察側にあります。この責任は公判を通じて終始変わることはありません。なぜなら、法は、刑事事件で被告人に、何らかの証人を喚問することも、何らかの証拠を提出することも、けっして責任または義務として課していないからです。被告人は証言しない絶対的な権利を持っています。ですからあなた方は、被告人が証言しないことに対して、いかなる影響も受けてはならないのです。

合理的な疑いは、提出された証拠からばかりでなく、証拠が欠けていることからも、以下のように起こりえます。検察側は、訴追されている犯罪のすべての主要な要素ごとに、合理的な疑いを超えるまで立証する責任があるのですから、被告人は、検察側の立証が欠けた失敗を当てにする権利があるのです。

被告人はまた、検察側の証人から交互尋問で引き出された証拠を当てにする権利もあります。

【原注】判例McCurry v. State, 583 P.2d 100 (Alaska 1975); Davenport v. State, 519 P.2d 452 (Alaska 1974). この説示は通常2度与えられる。1度は公判開始にあたって、そして結審後の説示においてもう1度。

「合理的な疑いを超える立証」は、証拠法の中でも最もベーシックで最も重要な法則であり、「この説示は通常2度与えられる」ほど重要なのであり、そのために1冊の本になるほどの論考が必要なのだ（手近に入手できる文献として、バーバラ・J・シャピロ著／庭山英雄、融祐子訳『「合理的な疑いを超える」証明とはなにか』〔日本評論社、2003年〕、中川孝博『合理的な疑いを超えた証明』〔現代人文社、2003年〕など。後者には日本の判例なども分析されていて実務にも役立つ）。しかし、日本では裁判官自体がこの法則を重視していないばかりか理解していないと思われる点については次章で触れる。

立証責任（E4-425）
　検察が被告人の有罪を立証しなければなりません。被告人は彼の無罪を立証しなくてよいのです。

何が証拠か（C1–3）
　あなた方が、何が事実であるかを決定するために考慮に入れるべき証拠とは次のものです。
　⑴　証人が宣誓した上でした証言
　⑵　証拠として認容され、公式に証拠調べされたもの
　⑶　法律家たち（筆者注＝検察官と弁護人）が同意した事実

何が証拠ではないか（C1–4）
　次のものは証拠ではないのです。ですからあなた方はこの事件で事実を認定する上で証拠として考えてはいけません。
　1　法律家たちの申立や主張
　2　法律家たちの質問や異議
　3　私があなた方に考慮しないように指示する証拠、そして
　4　なんであれ、あなた方が公判期日外で見聞きしたものは、それが事件の両当事者あるいは証人の一人から与えられ、あるいは言ったことであろうともです。

　3については、審理中に必要が生じたときはさらに具体的に「異議が認められた場合はその証言は忘れるように」などと説示される。

訴追書類は証拠ではない（A1–17）
　起訴状［indictment＝正式起訴状、information＝略式起訴状、complaint＝治安判事の面前宣誓の上提出される告訴・告発状］は、この事件の訴追書類であり、この被告人に対する単なる訴えです。被告人の有罪の証拠ではなく、あなた方は、この起訴状［indictment＝正式起訴状、information＝略式起訴状、complaint＝治安判事の面前宣誓の上提出される告訴・告発状］が一件記録に編綴されることによって、自身に対していかなる範囲のわずかなものであっても、影響を受けることも許してはいけません。

裁判所による確知あるいは訴訟上の合意（Ａ１–16）[13]

　私はここまで、事件の中の事実を決定するのはあなた方の仕事だということを説明してきました。しかし、あるいくつかの事実及び出来事は、一般的に知られた事実なのです。この場合、両当事者に立証の提出を求める代わりに、その事実又は出来事について私が裁判所に確知されている事実として処理することを、法は許しています。もし、私がそうしたら、あなた方は、その事実又は出来事は真実だと認めなければなりません。

　付け加えますと、両当事者は、このような事実が真実であることを争うことはできません。この場合、両当事者は、証拠を出す代わりに、同意書面を出すでしょう。それは事実について認める陳述です。あなた方は、同意された事実については、真実であると認めなければなりません。

　裁判所による確知Judicial noticeは、日本にはない概念だ。日本でいう「公知の事実」は非常に範囲があいまいで、また裁判所は「公知の事実」と明示しないまま、なんらかの事実上の法則のようなものを当前の前提として事実認定の根拠にすることがあり、実質的にはその「法則」の認定が有罪の主たる根拠である判決が実は多数ある（たとえば「電車内でケイタイを使用していることを咎められたからといって咎めた男性を痴漢と言って誣告することはありえない」として冤罪の主張を退けた＝報知新聞2006年4月11日等々）。Judicial noticeは、裁判官と陪審の権限の振り分けを示す概念で、裁判官がこの点は裁判所がその事実（日本で言う「公知の事実」も含む物事の確実な法則や事実）の存在を認める権限で、裁判官がその事実を陪審に告げるから、当事者も判決より前に知ることができる。この点で、上記日本の判例のような判決を見るまでわからず、そのため防御できない争点で有罪となることはない。

---

13) Judicial notice＝「裁判所による確知」。日本にはない概念で「公知の事実」より広い。裁判所が証拠によらず一定の事実の存在を認める行為。当事者による立証は不要で、反証も許されない。公知の事実など、確実な根拠により、正確かつ容易に認知することができる事実に限られている。Stipulations＝「訴訟上の合意」。当事者同士による（とくに書面による）合意。争点を減らし、自白、陪審員の数を減らすなど、日本の合意書面もその一種といえる。

ちなみに参審制をとるドイツ刑訴でも224条2項で「裁判所は、真実を発見するため、職権で、裁判をするのに意義を有するすべての事実及び証拠について、証拠調を及ぼさなければならない。証拠調べの請求は、その証拠調べの請求が不適法なものであるときは却下しなければならない。その他の場合は、証拠の取調が公知の事実に関するため不必要であるとき、証明しようとする事実が裁判所にとって意義を有しないとき、若しくはすでに証明されているとき、証拠方法が完全に不適法なもの若しくは入手不能なものであるとき、請求が手続の遅延を目的としているとき、又は被告人の責任の軽減のために証明されるべき重要な主張につき、主張された事実を真実として取り扱うことができるときに限り却下することができる」として明快に証拠と公知の事実の関係を法制化している。

証拠の評価（A1-7）
　あなた方はこれからこの事件の証拠を聴取するところです。証拠は、宣誓の上での証人の証言、何らかの展示された物証で成り立っていて、それらは法律によって許容されうる〔筆者注：証拠能力を認められる〕ものです。あなた方はそれらの証拠を、あなた方自身の観察と人生の経験に照らして、評価するのですが、この法廷で顕出されていない他のいかなる情報源も考慮してはならないのです。審理の終わりに、この法廷があなた方に与える説示に従って、証拠にどの程度の重きを置くか、そして証拠の価値をどう評価するのかを決定するのが、あなた方の仕事になるでしょう。それらの説示は、この事件に適用されるべき法についての説示も含みます。それらの法は、制定法と、裁判所の判決・決定等に基づくものです。
　あなた方が、証拠の価値を評価し、事実を認定するとき大切なのは、あなた方が感情や予断、世論の激情に影響されてはならないということです。あなた方は、証拠についての公正な考察に基づいて評決をしなければなりません。

直接証拠と状況証拠（A1-14）
　事実には、直接証拠によって証明できるものと、状況証拠によって証

2. 英米の説示モデル

明できるもの、その両方によって証明できるものがあります。直接証拠は、ある証人が自分で見聞きした出来事について証言することによって与えられます。

状況証拠は、ある証人がその出来事について自分で見聞きしてはいないが、何らか見聞きしたことが、それのみで、あるいは他の証拠と相俟って、陪審員をその出来事があったという結論に導くことができるときに与えられます。

証拠の両タイプの証拠は許容されており〔筆者注：証拠能力があり〕、あなた方は考慮に入れてよいのです。どちらの証拠がより優れた証拠だと法的に決められているということはありません。

直接証拠と状況証拠（Ｃ１－６）
証拠は直接証拠であるかもしれず状況証拠であるかもしれません。直接証拠とは、ある事実の直接な証拠で、たとえば証人が自ら見、聞き、あるいは行ったことについての証言です。状況証拠とは直接ではない証拠で、1つあるいはもっと多くの事実についての証拠ですが、そこから他の事実を発見することもできる証拠です。あなた方は、直接証拠と状況証拠の双方を考慮に入れなければなりません。法はあなた方にその両方に同等のウエイトを置くことを許していますが、どんな証拠にどのくらいのウエイトを置くかを決めるのはほかならぬあなた方です。

【原注】1　判例(法)は直接証拠と状況証拠に与えるべきウエイトの間に区別をしていない。状況証拠とは、どんなことの証明にも用いることができます。そのなかには、他の事実を推測させる事実も含み、陪審がする事実認定の目的に関するかぎりでは宣誓された上での証言（筆者注：最も証拠価値の高い証拠という意味）と区別するべきではないのです。
　2　この説示の中では、実例を入れて行うことが助けになるかもしれない。
　「たとえば例として、もしあなたが朝起きて脇の歩道が濡れているのを見たとしましょう。あなたはその事実から、夜のうちに雨が降ったということを認定することもできるでしょう。しかし他の証拠たとえば庭に輪を描いているホースから歩道の水を説明することも可能なのです。ですから、あなたが状況証拠によってある事実が証明されたと決める前に、あなた方はすべての証拠に理性と経験とコモンセンスの光を当てて考察しなければなりません」。
　事件の最後に与えるべき対応する説示3.8（直接証拠と状況証拠）も参照せよ。

日本の裁判実務では、直接証拠と状況証拠の違いについて、さらにその証

明上の違いについて、明確に分析して扱われていないのが実態ではないか、と改めて気づかされる説示だ。「状況証拠とは、そこから他の事実を発見することもできる証拠」という説示は言われてみると目から鱗という気がする。歩道が濡れている原因には、前夜の雨のほかに人為的な散水もあるのだと教えるコメントは、法曹として稼働してきた者にも、目を開かせるものではないか。

> ### 3　手続についての説明
>
> 審理の概要（C1－12）
> 　審理の次の局面がこれから始まります。最初に、両サイドが冒頭陳述をするでしょう。冒頭陳述は証拠ではありません。単にその当事者があなた方に証拠によって示そうとすることをあなた方が理解することを助けるためのアウトラインです。当事者は冒頭陳述をすることを要求はされません。
> 　それから政府側が証拠を出し、被告人側の法律家が反対尋問をするでしょう。次いで弁護側が証拠を出すかもしれず、政府側の法律家が反対尋問をするかもしれません。
> 　証拠調べがされたあとで、［私があなた方に、法とこの事件へのその適用を説示し、法律家たちが最終弁論を行うかもしれません］［法律家たちが最終弁論を行うかもしれず、そのあとで私があなた方に、法とこの事件へのその適用を説示します］〔筆者注：［　］内は選択的になっている。以下同〕。そのあとで、あなた方はこの事件の評決について評議するために、陪審室へ行っていただきます。

「当事者は冒頭陳述をすることを要求はされません」という説示は重要だ。これは当事者主義のもとでも、黙秘権保障をする以上当然の制度で、冒頭陳述をしないから被告・弁護側には自信がないのだ、と陪審員が誤解することのないように行われる説示だ。日本刑訴でも、これまでは、被告人に黙秘権があるため、検察官の冒頭陳述は法律で必要的とされている（刑訴法296条）のに対して、被告・弁護側については規則で「証拠により証明すべき事実を明らかにすることを許すことができる」裁判所の権限としての規定（刑訴

2. 英米の説示モデル　53

198条)しかないという跛行的な制度になっていた。

　しかし、2004年改訂によって裁判員裁判には必ず前置される公判前整理手続を経ることとされ（裁判員法49条）、したがって、その公判では被告人又は弁護人に冒頭陳述が義務づけられる（刑訴法316条の30）。裁判員裁判以外の事件でも、公判前整理手続に付すかどうかは、当事者の意見を聞くとはいえ、裁判所の決定による（刑訴法316条の2第1項）のであり、被告側の選択権はない。黙秘権侵害ではないかと論じられている。

4　証拠の評価についての説示

証人の信用性（Ａ１-10）

　証言した上で尋問されるすべての人が証人です。あなた方は陪審員として、その信用性＝そのことによって私が意味するのは、証人が信用できるかどうかということなのですが＝についての唯一の判断者です。

　あなた方は、どんな証人についても、その証言のすべて、または一部分を信じることもでき、あるいはまったく信じないこともできます。たとえある証人の証言がそれ自体矛盾していなかったとしても、だからといって、信じる必要はないのです。ある証人を信用するかどうか、その証人の証言にどの程度の重きを置くかを、あなた方は、理性的に行動して決定しなければなりません。

　ある証人を信用するべきか、その証人の証言にどの程度の重きを置くかを決めるについて、あなた方は、あなたが判断を下すのを合理的に助けるあらゆることがらを考慮しなければなりません。あなた方が考慮しなければならないことがらの中には次のようなことがあります。

　(1)　証言する証人の立ち居振る舞い、行動、外見
　(2)　その証人の知性の程度
　(3)　証人が証言することについて見たり聞いたりした機会について、またその能力について
　(4)　証人の記憶の正確さ
　(5)　真実を話さないことについてのなんらかの動機が証人にあるか
　(6)　この事件の成り行きに証人がなんらかの利害関係を持っている

　　　　か
　(7)　証人に何らかの偏見があるか
　(8)　証人の正直さについて、何らかの意見や評判があるか
　(9)　証人に、その正直さ又は正確さに関する何らかの犯罪の前科があるか
　(10)　証人の証言の合理性あるいは非合理性、そして
　(11)　証人の証言の首尾一貫性とそれが他の証拠によって裏書きされるものか、矛盾するものか

　証拠の信用性判断についての説示は行うか行わないかも含めて非常に難しい問題だが、以下のようなモデルを見ると、必要性を痛感する。

共犯者の供述（A 1-18）
　［共犯者の名前］によってされた供述は証拠として許容されています。あなた方は、［共犯者の名前］によってされた供述を、ただ彼／彼女だけの有罪、無罪の証拠として考慮に入れることができます。あなた方は、［共犯者の名前］によってされた供述を［他の共犯者の名前］の有罪、無罪の証拠として考慮に入れることはできないのです。［共犯者の名前］が言ったどんなことも、どんな程度の影響も、わずかであっても［他の共犯者の名前］の事件を決定するについて、あなた方に影響を与えてはならないのです。
　もしその被告人が分離して公判にかけられているならば、あなた方の評決は、各々の被告人ごとに引き離して行わなければならないのです。
【原注】この説示は、共犯者に不利な、法廷外の供述、不利益事実の承認admission、自白confession[14]が、それ以前に証拠として許容されていて、共犯者の供述が、被告人に不利な証拠として、伝聞排除によって独立した証拠としては許容されえないときに、適切である。
　この説示を与えるときには、裁判所は、当該証拠がどの人について考慮の対象とされうるのかについて、混同を避けるために、供述者である共犯者、被告人を氏名で言わなければならない[15]。

---

14)　admissionは一部についての自白＝不利益事実の承認。confessionは犯罪事実＝罪体全体についての自白。
15)　ともにdefendantという言葉が入るので陪審が混同することがないように、との配慮。

> 加えて、裁判所は、この説示の対象である各々の供述を、日付、その供述がどの当事者に向けてなされたのか——を明確に特定して説示しなければならない。共犯者のある者の供述は被告人に不利な証拠として許容されうるが、別のある共犯者のものはそうではないというケースもありうるのである。

　この説示と注は、日本での「共犯者の自白」理論（共犯者は一心同体でありその一人の自白は他の者の自白と同視すべきだという基本への何らかの修正を試みる理論群といえる）を頭に置いて読むと理解が難しいと感じるかもしれない。しかし英米陪審裁判では「共犯者の証言の危険性の説示」として基本的なものだ。グランヴィルは「この危険性について陪審に対して裁判官が警告を発するのはすでに長い間実務の実際である。この警告を欠いた場合には、共犯供述に基づく有罪は通常は破棄されるであろう」としている[16]。英米法では、共犯者の証言で、有罪認定をするためには、補強証拠を要する。それは「その発生源が汚れているため疑わしい証拠とみなされる。それゆえ法廷で機能する慎重なルールは補強されない共犯供述に基づいて有罪認定することは危険だということである」[17]。そのルールを市民陪審員にわかる言葉で説いたのがこの説示だ。共犯者の供述の危険性は「時々、訴追側は暴力団員の一人——彼は容易に自分の仲間に不利な証言（筆者注：王冠証言。内部者による密告証言。ヨーロッパでは王冠証人Crown Witnessには伝統的に官の手厚い保護が与えられてきた）を行う——から自白を得ることができる。しかし、そのような証拠は慎重に吟味されなければならない。なぜなら自分を訴追から守るため、あるいは自分の罪を軽減してもらうために、密告者はしきりに警察に良く思われようと振る舞うからである。彼自身の利益擁護——そのためにはできるだけ彼の仲間を悪者にしなければならない——と彼の真実を話すべき義務との間の相克をなるべく取り除く目的で、共同被告人の一人は有罪の自認・訴訟中止・陪審評決のいずれかによって彼の手続が打ち切られないかぎり訴追側証人として喚問されることはないと、法は定めている」[18]。

---

[16] グランヴィル・ウィリアムズ著／庭山英雄訳『イギリス刑事裁判の研究』（原題はThe Proof of Guilt＝有罪性の証明。学陽書房、1981年）119頁。
[17] 同119頁。
[18] 同117〜118頁。

密告者 証言（A1−23）
　報酬のため、処罰を免れるため、個人的な利益あるいは庇護のために、被告人に敵対する証拠を提供する証人の証言は、陪審によって、通常の証人の証言よりも大きな注意をもって吟味され、価値を考えられなければなりません。陪審は、その証人の証言が、被告人に対して利益に影響したのか、不利益に影響したのかを決めなければなりません。

【原注】旧アラスカ刑事規則P.30(b)(2)のもとでは、裁判所は当事者が求めなくとも、密告者説示を与えることが要求されていた。その密告者説示は、1975年12月に公判裁判官により多く選択の自由を与える規則改訂の以後は義務的ではない。
　ジャクソン対州695P.2d 227, 234 n.5 (Alaska App. 1985)事件では、共犯者と密告者を見分ける以下のような特徴が、固有の密告者説示を使用するのと同様に議論されていた。
　潜在的な犯罪者と友人になり、警察と結託して、ドラッグを買い入れ、そしてその売り手に不利な証言をする男あるいは女は、共犯者ではない（判例を多数挙げている）。
　最高裁はしかし、すべてのではないが何人かの密告者が偽って被告人を告発することを認識している。陪審がこのような密告者証言に、通常の証人のそれよりもより大きな注意を払う必要があることを考えるために説示されるべき事件は以下のとおり（判例を多数挙げている）。

訴追されている犯罪の関係者の証言（A1−20）
　［証人の名前］は、この事件で訴追されている犯罪の関係者です。この証人の証言が心の動揺を伴うことを考慮しなければなりません。そのことは、こうした証言を、あなた方が勝手に無視してよいということを意味するのではなく、尋問のあとですべての証拠に照らして、注意深く、慎重に、あなた方がその証言に与えるべき適切な重さを考察しなければならないという意味なのです。

（【原注】では「関係者」の意味や範囲について他の説示を引用するなどして長文の注が付されているが、ここでは省略する）。

専門家証人（A1−11）
　科学的、技術的、あるいはその他の知識や経験を持つ証人は、専門家としての資格を与えられることがあります。そして事実についての証言に加えて、専門家として意見を［表明する］［表明した］ことが許されます。

2．英米の説示モデル　57

> ある専門家証人を信用するかどうか、また彼／彼女の意見に与えられるべき重さを決定するにあたって、あなた方は、その専門家の資格と知識、その意見に与えられている理由付け、その専門家が、彼／彼女が尋問されることについての情報をどのようにして得たか、加えて、他の証人たちの証言以上に評価するためにあなた方に与えられたファクターを考慮しなければなりません。
>
> ある専門家証人を信じるか信じないか、そしてまた彼／彼女の意見に与えられるべき重さを、あなた方は、他の証人についてと同じように、決定しなければなりません。ある専門家証人の証言を、あなた方はすべてを信じることも、一部を信じ、あるいはすべて信じないこともできるのです。

日本での名称は鑑定人・鑑定証人となる。素人である市民裁判官が、専門家だというだけで、その証言をすべて信用してしまわないように、教えている。専門家の証言として通常以上に評価するためには、そうしてよい理由を吟味しなければならないし、専門家だからといって、まるごと信用することはなく「一部を信じ、あるいはすべて信じないこともできる」と注意している。市民参加の裁判には、必要な説示だ。

> **専門家以外の意見（A 1 – 12）**
>
> 専門家以外の証人を、彼／彼女の意見を聞くために尋問することも可能です。もしその意見が証人の理解に基づく理性的なものであり、かつその証言を明確に理解するため、あるいはある事実についての論点を決定する助けになるならばですが。専門家以外の証人によって表明されたある意見に対して与えるべきウエイトを決定するに当たって、あなた方は、証人の信用性、証人がその意見の基礎となる事実を認識する機会がどの程度のものであったか、そしてもしそれがあるならばその理由、を考慮しなければなりません。あなた方は、そのような意見を受け入れることを求められてはいないのです。しかしもしあなた方がそうするべきだと認めたならば、その意見にウエイトを置くべきなのです。
>
> 【原注】もし法廷が、この説示と1―11専門家証人についての説示をともに与えるときは、この説示は、専門家証人についての説示に続けて行うべきだ。アラスカ証拠規則701；

CALJIC 2.81.を見よ。

　日本では「意見を求める」尋問は原則として禁じられている（刑訴規則199条の13の2項3号）「正当な理由」がある場合は認められるとの規定だが、「正当な理由」のような「開かれた要件」では裁判所により、事件によって区々になるおそれがある。この説示の程度には明確化すべきで、民衆に理解できる限定条件を文言化しなければならない。説示というものが、証拠法則を精密にしていく一つの例と言ってよいだろう。

前科証拠（A1-29）
　被告人が現に訴追されている以外に［非行］［複数の非行］［犯罪］［複数の犯罪］を犯していたことを示す目的で提出された証拠
　そのような証拠は、あなた方によって、被告人が悪い性格の人である、あるいは［彼］［彼女］が犯罪を犯す傾向を持っている証拠として考慮されるべきではないのです。
　そのような証拠は、ただもしそれが［証拠規則404(b)により許された目的を挿入する］を証明することに奉仕すると決定されたなら、その目的のためにだけ、あなた方によって考慮されてもよいのです。
　もし、あなた方がそのような証拠を［限定された目的についての短い表現を挿入する］問題の証拠として許容されると判断するなら、そのあなた方が考慮してもよい限定された目的内で、あなた方は、この事件のすべての他の証拠に対してすると同様の方法で、その証拠を考慮しなければならず、その証拠価値をきめなければなりません。
　このような証拠は、その他のいかなる目的でも考慮に入れてはなりません。そうすることは、誤りであり、不公正になるでしょう。
【原注】前科証拠は、被告人以外の人に関する証拠として許容されうる。この説示はその目的に応じて変化させなくてはならない。

犯人の同定性証拠の取り上げ方（E14-2）
　この裁判は、被告人に対して、1人あるいはそれ以上の被告人を犯人と特定する証言の正確性に事件のすべてあるいは大きな範囲がかかっ

ていて、防御側は訴追は誤っていると主張している事件です。ですから私はあなたがたに警告しておかなければなりません。被告人を有罪とする前に、同定性についての証拠には特別に注意をしなければなりません。

なぜなら、正直な証人が同定性について過ちを犯すことがありうるからです。このような過ちの結果の誤った有罪判決（複数）が過去にありました。はっきりと有罪の証言をする証人にも間違いはありうるのです。はっきりと有罪の証言をする証人が複数の場合にもありえます。

それぞれの証人が同定した状況を注意深く検討してください。彼は彼が被告人だという人物を、どれだけ長く観察下に置いたのか。どんな距離から？　どんな明るさの中で？　その観察を妨げる何があったか？　証人は彼が観察したその人物を以前に見たことがあるのか？　もしそうであるならばどのくらいしばしば？　もしたまたまそのときだけ見たのなら、被告人を記憶する特別の理由が彼にはあるのか？　彼のもともとの観察と、警察に同定性を告げるまでの間はどのくらい長かったのか？　証人によって警察に提供された供述と、この被告人の外見との間に何か注意すべき違いがあるか？

【原注】このような事件ではsumming-upのときにする原則的な警告だけではなく、陪審に対して、同定性証拠の弱点と危険性を一般論として、そしてその事件の特殊な状況においても説明しなければならない（判例と文献引用）。

心の状態（A1-15）

心の状態は、状況証拠によって示されることがあります。それは実際には、何らかの方法で立証されうるのです。

証人は、他の人が行い、あるいは行うことに失敗したことを見聞きすることができ、だからその事実について直接証拠を提供することができるのですが、そうだとしても、誰であっても、他の人の行動がなされ、あるいは怠られたことについて、それをした心の状態を見聞きすることはできないのです。しかし、ある人が行い、あるいは行うことに失敗したということは、その人の心の状態を示しているということはありうるのです。心の状態という問題を決めるについて、陪審は、証拠に現れた、その人によってなされた何らかの発言、なされ、あるいは怠られた行為、そして心

の状態を判定する助けになるすべての事実と状況を、考慮することを認められているのです。

性犯罪における確証（E16-21／1）
　性的な犯罪の対象とされたと主張する人々のなかには、時々、さまざまな理由から嘘を言う人がいることを、経験は示しています。このような冤罪事件は、容易に作られるし、そしてしばしばまったく無実の人でも対抗することは非常に難しいのです。ですから、他の証拠によって独立して確実であるという確証なしに有罪とすることは非常に危険なのです。

性犯罪における被害者の「直後の訴え」（E4-308）
　検察官によって主張されている出来事のすぐあとにX〔筆者注：証人〕がA〔筆者注：第三者〕に対して起こったことを語ったという事実についての証拠、そして彼女がAに対して語った内容、それは法律の上では、検察官によって主張されている出来事が起こったという証拠とすることはできません。
　もし彼女がそう言ったということをあなたがたが認めるならばのことですが――彼女がAに言ったこととこの事件の唯一の関連性は、検察官によって主張されている出来事のあとで、彼女の振る舞いが証拠として一貫しているということを示しているのかもしれない、ということだけです。
　【原注】被害の訴えの許容性は、他の証拠による事実の証明にかかっている。もしその訴えの言い回しが、証拠の言い回しと一貫しないなら、その訴えは効果がない（判例の引用）。

　性犯罪に関する説示を取り上げたのは、最近冤罪事件が問題となっている痴漢事件のように、被害者の証言にのみ依拠して事実を認定しなければならない事件では、とくにその被害者証言を客観的に吟味する必要があると教えているからだ。事件「直後」に訴えていたという事実は「検察官によって主張されている出来事が起こったという証拠とすることはでき」ず、「検察官によって主張されている出来事のあとで、彼女の振る舞いが証拠として一貫しているということを示しているのかもしれない、ということだけです」という法則の教示は、この国の裁判官にも必要なのではないかと考えてしまう。

被告人の自白（E-15-47）

（陪審がいない場面で[19]、裁判官がある供述を証拠決定したが、防御側がその供述の全部若しくは一部を偽造されていると主張している場合の説示）

この自白について、あなた方の仕事は、2つの事項について決定することです。

まず第一に、被告人が実際にこの供述をしたかどうか、ということ。

第二に、ただしあなた方が、被告人が実際にこの供述をしたと確信したときに限られますが、彼が話したことは真実かどうかを考察しなければなりません。そのことを決定するにあたってそれがなされたすべての状況を、存在した、あるいは存在したであろう状況を考慮するべきです。

どんな理由であろうとも、その自白がなされたかどうかについて確信がなければ、あるいはなされたとしてもそれが真実であるかどうかについて確信がなければ、あなた方はそれを無視しなければなりません。一方、もしそれがなされたこと、そして真実であることの両方についてあなた方が確信するならば、たとえそれが抑圧あるいはその他の不適切な状況の結果であっても、あなた方はそれを信頼してもよいのです[20]。

（陪審がいない場面で[21]、裁判官がある供述を証拠決定したが、被告人がその供述はしたけれど真実ではないと主張している場合の説示）

あなた方の仕事は、この自白が真実かどうかを決定することです。それを決定するにあたって、あなた方はその自白がなされた状況を決定し、その状況を考慮しなければなりません。

どのような理由であろうとも、あなた方が自白が真実だということに確信がもてなければ、あなた方はそれを無視しなければなりません。

---

19) 証拠決定について当事者から異議が出た場合など、その論争を陪審員に聞かせると予断を抱かせるおそれがある場合は、陪審を退廷させ、あるいは裁判官室などで当事者の主張を聞き、裁判官が決定する。
20) これはこの説示の前書＝上記（　）内部分＝が前提となっていることに注意。つまり裁判官が自白の任意性ありと判断して証拠採用しているので、陪審には、自白の存否、そして真実かどうかという事実判断のみを求める制度だからだ。
21) 前掲注19)参照。

一方、もしそれが真実であることについてあなた方が確信するならば、たとえそれが抑圧あるいはその他の不適切な状況の結果であっても、あなた方はそれを信頼してもよいのです。

【原注】a　「自白」の定義については、1984年警察及び刑事証拠法Police and Criminal Evidence Act 1984, 82条1項を見よ。
　b　精神障害者被告人によってなされた自白については、1984年警察及び刑事証拠法Police and Criminal Evidence Act 1984, 77条22)を見よ。そこに規定されている状況があるときは、以下の説示を付け加えよ。
　この事件では、被告人の自白を証拠として有罪とする前に、あなた方は次のような理由から、特別な注意を払わなければなりません。
　第一に、彼／彼女に向かって訴追されているこの事件は全面的に／あるいは本質的に、この自白に依拠しているからです。第二に、彼が精神障害者だからです。そして第三に、彼／彼女の自白が自由な個人――つまり警察官（ら）以外の誰かのいないところでされているからです。

　「被告人の自白」は、それが存在しているというだけで、有罪の心証を形成しかねない。
　自白には補強証拠が必要、とされていても、それは「被害届」でも足りる、といった実態的な「証拠法則」で裁判が行われてきた日本で「この事件は全面的に／あるいは本質的に、この自白に依拠している」こと、「彼／彼女の自白が自由な個人――つまり警察官（ら）以外の誰かのいないところでされている」ことに注意喚起して、安易な有罪認定をしないように警戒を教えるこの説示も、どこかの国の法曹が学びなおさなければならないことではないか。

---

22) 第8編「刑事手続における証拠」の自白の章にある精神障害者の自白の条文。しかしこれに先立つ自白の一般規定である76条にも「いかなる手続においても、訴追側が被告人の自白を証拠として提出しようとする場合において、その自白が被告人に対する強制により、または、その当時の状況により自白の信用性を失わせると認められる言動の結果として獲得され、または獲得された疑いがあることが主張されたときは、裁判所は、訴追側において、その自白（真実である可能性のいかんを問わない）が、前各号の方法により獲得されたものでないことを、合理的な疑いを超えて証明しない限り、これを被告人に不利な証拠として許容してはならない」（2項）など8項にわたる限定を付している。

5　結審にあたっての説示

評決に到達（Ａ1-35）
　もしあなた方が、州は、この犯罪の各要素を、合理的な疑いを超えて立証したと認めるなら、あなた方は被告人を有罪であると認定しなければなりません。しかし、もしあなた方が、州は、この犯罪の各要素を、合理的な疑いを超えて立証しなかったと認めるなら、あなた方は被告人は無罪であると認定しなければなりません。
　有罪無罪の評決を答申するためには、あなた方の各々が、その評決に同意しなければなりません[23]。

【原注】この説示は、全員一致についての説示、及び、すでになされている（犯罪の）各要素についての説示——陪審がどのようにして、有罪・無罪の評決に到達するのかを話した説示と結びついている。評決に到達する説示は、多訴因事件で、裁判官を同じ文の言葉を読むことから解放するために、（犯罪の）各要素についての説示から除かれ、別の説示として置かれた。全員一致説示は、評決に到達する説示とつけて置かれることによって理解しやすくするために、そしてまた、この重要な説示を抜かしてしまうことがないように、評決に到達する説示と結合されている。
　この説示は、単独の被告人が単独の訴因で起訴されているという内容の事件に向けられている。一被告人が多くの訴因で起訴されているなら、この説示に代えてパターン1.35B説示が与えられるべきである。被告人の数が多い事件なら1.35C（被告人多数で訴因単数）あるいは1.35D（被告人多数で訴因多数）説示が与えられるべきである。
　もし法廷が陪審に、積極的防御方法についても説示するのなら、この説示の最初のパラグラフは以下のように変えられなければならない（新しい説明部分は強調されるべし）。
　もしあなた方が、州は、この犯罪の各要素を、合理的な疑いを超えて立証したと認めるなら、あなた方は被告人を有罪であると認定しなければなりません。ただし、あなた方が、被告側が［被告人の氏名］〔筆者注：たとえば山田太郎と特定して立証する〕の「積極的防御方法」affirmative defense[24]を立証したと認定する場合は別です。
　しかし、もしあなた方が、州は、この犯罪の各要素を、合理的な疑いを超えて立証しなかったと認めるなら、あなた方は被告人は無罪であると認定しなければなりません。

---

[23] 刑事陪審の評決は全員一致でなければならないことを言っている。アメリカでは、全員一致を制度とするのは連邦と54の州で、アラスカ州はその一つ。
[24] 刑事ではたとえば「心神喪失の抗弁」など、それが立証されれば、犯罪事実の立証があっても無罪となる防御方法。日本では、それも（犯行時心神に障害はない状態だったことが）検察官の立証責任とされるとするのが、多数説だが、英米法はaffirmative defenseに属する事実は被告側の立証責任としている。なお、affirmative chargeは、裁判官が陪審にする「この訴因では証拠のいかんにかかわらず、被告人を有罪にすることができない」旨の説示。

> 弁護人の弁論（A1-33）
>
> 　審理を終わるにあたって、弁護人がこの事件についてあなた方に向けて弁論をします。弁護人の弁論は勉強と思索に基づいていて、通常は、疑いなくあなた方の助けになるはずです。しかしながら、弁護人の弁論は証拠ではなく証拠と考えることはできないということは、覚えておかなければなりません。弁護人の弁論が、証拠に基づいているか、私がこの説示の中であなた方に提供する法に基づいているかを注意深く考慮することはあなた方の義務です。
>
> 　しかしもし弁護人の弁論が、事実あるいは法から外れたら、それは無視されなければならないのです。弁護人は誠実に行動しているとしても、彼らが公判の間に、証拠を再度想起するについて誤りを犯すかもしれません。あなた方が、証拠がこの事件に何を与えたのか、また同様にそこから引き出された事実についての結論は何なのか、を決める人なのです。

　弁護人の弁論について、裁判所がどのような態度をとるかは、陪審員の評決に大きな影響を与える。「弁護人の弁論は勉強と思索に基づいていて、通常は、疑いなくあなた方の助けになるはずです」と言い、傾聴するべきことを示唆しながら、それは証拠ではないこと、そしてそれが「証拠に基いているか、私がこの説示の中であなた方に提供する法（＝「制定法と、裁判所の判決・決定等」であることはA1-7、本書51頁参照）に基づいているかを注意深く考慮することはあなた方の義務です」と明確にその性格を限定しているところは、礼節と法の遵守を備えた物言いで、さすが弁論の国という感じがする。裁判員という市民を迎える日本の法廷もこのような物言いを身につけてほしいところだ。

3. 英米説示モデルから学ぶこと

　今回、英米の説示モデルを多少とも精読してみて、まず第一に感じたのは、これは実に精密な証拠法則なのだということだ。素人である陪審員に証拠の見方と、事実認定の仕方を説明する「説示」という作業は、必然的に証拠の

使用とそれを用いてする事実認定のための必要なルールを探り、確定していく作業だ。上記で紹介したわずかな説示だけを見ても、これまで明確に考えることをしてこなかった、しかし、考えなければならなかったのだ、とハッとさせられるようなルールがたくさんある。この章の初めに書いたように、英米説示モデルは、裁判官たちが、実際に使いながら日々改訂、増補してきたモデル群である。それはまさしく証拠法の発見といえる作業だろう。英米証拠法はこのようにして素人に証拠判断をさせるための説明として作られてきたのだ、と実感した。

そう思って調べてみると、そのことは先達たちによってきちんと言われているのだった。たとえばバーバラ・J・シャピロはその著『「合理的な疑いを超える」証明とはなにか』の「第1章　事実陪審と『合理的疑いを超える』証明法理の発展」の中で「合理的な疑いを超える」証明の「体系はつねに陪審制に深く依存してきた」と述べている[25]。日本でも平場安治「陪審裁判と証拠法——伝聞排除規則を中心として」は、早くも1953年に、ヘンリー・メーンの著書Sir Henry Sumner Maine, The Theory of Evidence in "Village Communities in the East and West"1873の記述「法律裁判官と事実裁判官が分化せず、事実裁判官も法律知識を具えているところでは、技術的規則は生じ得ない。……もし、われわれが他の西洋諸国以上に裁判官の領域と陪審の領分を分けることが長くなければ、英国証拠法は存在しなかった可能性が大きい」を紹介し、「この問題に対するオーソドックスの回答は陪審裁判こそ証拠排除規則の産みの親であるとするものである」と述べている[26]。

そして英米の法廷見学のあとでの裁判官との意見交換の際に、彼らによって異口同音に語られて、その都度感動させられてきた言葉「陪審に説示することで、われわれ裁判官は、常に法を再確認でき、正しい適用をすることができる」という言葉の真の意味を理解できたと感じた。「陪審裁判では、証拠を明確に入念に提出する必要があり、法律上の主要な争点を一般人が理解できるような言葉にしなければならない」[27]ことが、裁判官を学ばせ、育てているのだ。

---

[25] バーバラ・J・シャピロ著／庭山英雄・融祐子訳『「合理的な疑いを超える」証明とはなにか』（日本評論社、2003年）。
[26] 法学論叢58巻2号（1953年）17頁以下、20〜22頁。

「日本の刑事裁判において、職業裁判官の事実認定が時には驚くほどの論理の飛躍をしていると感じられることがある」[28]という、われわれ実務家が常に抱いてきた感想は、実は職業裁判官だけで、事実認定をすることに伴って、証拠法則を明確に意識しないまま実はなんとなく「これは有罪だな」、などときめた主文に合わせた理由を書き、判決してきた実務の累積された結果なのだろう。

　アメリカですら説示について「この問題は、裁判官の訓練のプログラムの主題とすべきであるし、また、もっと徹底した研究と実験の対象とすべきである」[29]といわれている。陪審制度が停止された1943（昭和18）年から半世紀以上を経て再び制度化された国民の司法参加制度である裁判員制度は、説示の精密な導入によってのみ、市民参加のあるべき成果をあげることができると同時に、日本の裁判官に証拠法についての精査を訓練し、日本の刑事裁判の事実認定の法則化を実現し、そのことによって具体的に司法を公正にすることが可能になる。

---

27) 法務大臣官房司法法制調査部『アメリカ法曹協会による裁判所組織・事実審裁判所・上訴審裁判所に関する基準』法務資料443号119頁（法務省、1982年）。
28) 豊川正明「刑事裁判と国民の法意識」法社会学（日本法社会学会）39号（1983年）97〜98頁。
29) 前掲注27) 法務資料443号130頁。

第4章 裁判員制度の発足を2年後に控えて

1. 「必要な環境の整備」とは何か

　裁判員法の施行日が2年先に迫っている。しかし、はじめに書いたように国民の関心は2004（平成16）年の法律施行時と変わっていない。そこで最高裁の目下の目標が、裁判員裁判をどのような内容にするかの具体的な制度設計＝これこそが制度を新設した目的であるはずなのに＝ではなく、とにかく「国民を参加させる」ことに向いているのも、やむをえないということなのだろうか。

　裁判所ばかりでなく、検察庁でも裁判員制度のパンフレットを機会あるごとに配布し、職員は名刺にカラーで裁判員制度のロゴを入れている。しかしそれでも関心は上向かない。

　最高裁は2006（平成18）年3月、企画・製作最高裁判所・裁判員制度広報用映画「評議」を完成させ、全国で600回前後の上映会のほか、各地裁・家裁を通じたDVD・ビデオの貸し出しを行い、貸し出し回数は延べ約1,200回に達した。しかし、「制度の浸透にはまだ不十分」（最高裁刑事局）として、11月15日からネットで配信している。最高裁が2005年度に全国50カ所で開催した「裁判員制度全国フォーラム」の経費は約3億4000万円、2006年度には第二弾のPR映画『裁判員』を6888万円で制作、さらに2007年2月には有力日刊紙数紙に人気女優を使って6億円を投じて「えっ、私も裁判員ですか？」という全面広告をしている。他に電通に委託して広報アニメーションや、イラスト入りパンフレットもつくっているが、27億を費やしたこれらの宣伝行為の中には契約書を作らないまま実施されたものが多いことが、2007年2月19日、国会質問によって明るみに出た。最高裁の経理局長は「好ましくないことだが、広報に不慣れで、事務に混乱があった」と事実を認め、西日本新聞は「最高裁　自ら判例に違反」と見出しして「会計法は『契約書に記名押印しなければ契約は確定しない』と規定。1960年の最高裁判決は『国の契約は契約書作成で初めて成立する』との解釈を示しており、自ら判例に違反した形だ」と批判している[1]。

裁判員法附則3条は「国は、裁判員の参加する刑事裁判の制度を円滑に運用するためには、国民がより容易に裁判員として裁判に参加することができるようにすることが不可欠であることにかんがみ、そのために必要な環境の整備に努めなければならない」としている。そのために前記したような膨大な予算が組まれ、使われていたことの一端を国民は今になって多少なりとも知ったわけだ。事情に詳しい記者は「年度内に予算を遣いきることしか考えていないように見える」と漏らした。

　しかし「制度を円滑に運用するため」に最も「必要な環境の整備」とは何だろうか。こうしたPRなのだろうか。2006年10月には横浜地検検事正が、地域住民を寺に集めて裁判員制度の説明をしたと報じられた[2]。検事正は参加のメリットとして「刑事事件がよくわかるようになり、生活に生かすことができるようになる」と説明したという。ここにも、市民の意見を司法に取り入れるという言葉はない。

　「刑事事件がよくわかるように」なっても、生活に生かすとはどう生かせるのか。自分たちの意見を聞いて作ったわけでもないのに、罰則でがんじがらめな裁判員制度に一方的に出頭を求められている、周知徹底のために「やらせ」のタウンミーティングをしたり、映画の配信をされても、自分たちにとって何の意味があるのかというのが庶民の偽らない感情だろう。

　ほんとうに必要な環境の整備とは、制度新設の目的である「裁判員がする仕事」について、国民が本当に司法制度の主体になることができる具体的な制度化をして国民に示し、進んで参加したいと思う環境にすることではないのだろうか。

2.　模擬裁判に裁判員裁判の具体的な制度設計が見えない

　読売新聞は、裁判員制度に関心を寄せ、多くの紙面を割いてきた。市民へのアンケート調査も積極的に行ってきた。2007年1月16日付朝刊に掲載した調査結果によると「裁判員として裁判に参加したくない」人が75.3％に上り、

---

1) 2007年2月20日付朝刊の西日本新聞と読売新聞。
2) 2006年10月11日午前7時のNHKニュース。

裁判員法成立時の2004年5月の同回答よりも6％増えた。逆に「参加したい」人は6％減ってわずか20.4％しかない。制度を「知っている」人は76.6％で、2004年より増えているのだから、制度を知るほどに参加したくなっていることが数字で示されている。

　今回の調査で「あなたは、裁判員制度の仕組みについて、充分な情報が提供されていると思いますか」との設問に「そうは思わない」人が83.8％いる。最高裁や法務省が驚くほどの予算を使ってしているＰＲ活動は、制度の存在を知らせることはしたが、仕組みについて充分な情報を提供してはいないことを、民衆は見抜いている。そして「参加したくない」理由では、「家事や仕事で時間が取れない」28.1％より、「人を裁くことに抵抗を感じる」47.3％より、「有罪無罪を的確に判断する自信がない」54.3％「量刑を的確に判断する自信がない」49.7％という裁判員の仕事についての真剣な姿勢からの疑問であることは、2章（12〜14頁）であげた裁判所実施のアンケートと同じだ。

　筆者は以前、アメリカのロスに住む日系二世の日本での事件を担当したことがあり、訪米してその家族と会ったことがある。現地を案内してくれた依頼人の妻が、自分は2回陪審員を務めたことがある「私たちが裁判の中身を決めたんです」と非常に誇らしげに話したのが印象的だった。家事や仕事を中止して多くの時間を割かなければならない市民参加にもし誇りややりがいがないなら、誰でも裁判所に行きたくはならない。日本で始められる裁判員制度は、立法例のない判決後永久に続く罰則付きの緘口令もさることながら、法律の素人である裁判員が、何をするために裁判所に行くのかが見えず、それが自分たちにとって、喜ばしい、誇らしいことだという実感を国民が持てないのが、制度への参加意欲が盛り上がらない原因ではないのか。

　裁判官たちは、何のために素人を、これまで自分たちだけでアンタッチャブルに運営してきた司法の世界に加えようとしているのか、裁判官たちは裁判員にこれまで彼らだけでしてきた事実認定や量刑のどんな部分を譲り渡し、どのように「協働」するつもりなのか。これまでまったく中身が見えなかった裁判という場所は、市民たちにそれができるような場所なのだろうか。

　前記裁判所の実施したアンケートへの回答で、「裁判員制度に対する負担感や抵抗感」の問に「証拠内容などを理解・記憶するのが大変」「評議などできちんと意見を言う自信がない」「裁判官と対等に議論するなど無理」と答え、

「裁判の初めに、裁判員が判断しなければならない点や、特に注意しておかなければならない点を、よく説明してほしい」「評議では、裁判官から、判断の仕方や証拠の内容などについて、充分な説明を受けたい」と望んでいる国民に裁判所はどういう制度を用意して応えるつもりなのか。

　ところが、前記読売新聞2007年1月16日掲載の読売の調査結果についての最高裁刑事局総括参事官のコメントは「多くの国民の不安を十分承知している。重要なのは『やりたくない』理由を把握し、それを一つずつ解決していくことだ」としたうえで「最高裁が昨年に実施したアンケート調査でも、参加したくない理由として、心理的な不安や日程調整の問題、育児や介護の必要性──などが上げられた」というものだ。「心理的な不安」と一まとめにして「『人を裁く』行為への心理的な不安はむしろ当然だと思う」と片付けているが、前記したように「育児や介護の必要性」よりもパーセンテージが多かったしくみがよく分からないまま刑事事件の内容を決めるという市民裁判官の役割を果たせるのかという、誠に当然で真摯な不安について思い及んでいるとは思えないコメントだ。

　現に模擬裁判で裁判員裁判を体験した裁判官のなかには「法律用語をやさしく説明するなど裁判官側にも努力が必要だ」[3]程度の認識はあるようだが、最高裁の中枢にいる幹部たちは、膨大な予算を「使い切る」ためのイベントの形を積み上げることのほうに関心があるのかもしれない。

　そして模擬裁判をすることも、そうしたイベントとしてこなされているのではないか。「有罪無罪を的確に判断する自信がない」「量刑を的確に判断する自信がない」という国民の不安を解消する、それだけでなく、刑事裁判に市民の意見を反映するための仕組みを、どう具体化するかを模索するための体験をするための模擬裁判だということを裁判官たちはどこまで考えているのか。はなはだ疑問だ。

　その一端をうかがうことができるのが、2005（平成17）年と2006（平成18）年に二次にわたって行われた法曹三者による模擬裁判での実情である。関与した弁護士の各地からの報告のうちいくつかを挙げてみよう。

　まず2005年分について。

---

3) 毎日新聞大阪版2005年3月30日付朝刊。

「裁判所からの裁判員に対する説明は、手続の概略と簡単な市民参加の意義程度で、刑事裁判における無罪推定の原則や立証責任、その程度などを含む、いわゆる「説示」の必要性に関する認識はないことが明らかになった」「評議は、故意の有無に関する評議から始まったが、最初はひととおり裁判員にその意見を言わせた後、裁判長の指示で裁判所が従来どのような方法で故意の認定を行っているのか（傷害の部位、程度、凶器の状況、犯行態様、動機などに着目すること等）について、左陪席が説明した」（静岡）[4]。

「評議に関しては、翌日の地方新聞にも『裁判官が裁判員を"説得"』との記事が出るほど惨憺たるもので、具体的には評議半ばで裁判長が自分の結論を示す、陪席らが反対意見の裁判員を標的に攻撃する、裁判員の多くが異論を唱えるので突き刺したかどうかの評決をせず『仮に突き刺していれば殺意はありますか』と言って評決を行い、そのまま殺人を認定するなど、裁判員裁判に関する規則が未制定のなか、評議のルールがない中で評議を行うことがいかなるものか、評議の検証方法が存在しないことがいかに危険か、まざまざと見せつけられた」（横浜）[5]。

「次に説示についてであるが、今回の事案では共犯者は懲役6年で確定しており、実務上は共犯者と均衡がとれるように量刑を定めていることもあってか、裁判官は執行猶予の説明をしなかった」「実際に後で数名の裁判官に聞いたところ、このような情状であれば執行猶予もありうるとの回答を得た」「このように裁判官の予断が存在し、量刑資料・説示が限定されれば、その範囲内でしか裁判員は量刑を示すことができなくなる」（京都。この模擬裁判は「量刑のみを争っているという設定」であったというが）[6]。

「裁判所からの評議に関する冒頭の説明は、『議論は乗り降り自由』ということだけであった。裁判所は裁判員から積極的に意見を引き出すために、事前にアンケート用紙を配付し、論点ごとに質問を整理しておくなどの努力が見られたが、『無罪推定』や『合理的な疑いを容れない程度の立証』等に関す

---

[4] 諏訪部史人「報告・模擬裁判員裁判　避けては通れない確認作業」季刊刑事弁護43号（2005年）127～128頁。
[5] 伊東克宏「弁護人の立場から——模擬裁判員裁判に参加して」季刊刑事弁護44号（2005年）53頁。
[6] 柴田雅史「裁判員の立場から——模擬裁判員裁判に参加して」同上48頁。

る説明は一切行われなかった。したがって評議は冒頭から故意の有無について『どちらがいいと思うか』という設定で裁判員の意見が聞かれ、『合理的な疑いが残るかどうか』という設定はされなかった」「次に、問題は、裁判官が、当初は裁判員の考えを優先させるよう努力していたが、次第に自分の考える結論と異なる裁判員に対して1対1に近い形で説得しようという態度が見られた点である」(愛知)[7]。

　この状態は2006年になってもまったく変わっていない。

　「法曹三者による第二回として行われた模擬裁判でも無罪推定の原則や合理的な疑いを超える証明の内容について説明したのは、弁護人が冒頭陳述においてであり、裁判官は評議(模擬裁判なので公開された)の前にもしていない。そして事後の裁判員役との意見交換では、「弁論などでこれをもっと強調してほしかったという感想もありました」[8]。

　反対に、きちんと説示がなされたという報告は聞かれない。そこでやむをえず弁護側から「無罪推定や合理的な疑いを超える証明の内容について説明した」という例が、上記の京都以外からもいくつか報告されている。しかし、裁判のルールを裁判所ではなく弁護側が言うというのはおかしいし、模擬裁判に参加した意識の高い裁判員はいざしらず、これから本物の公判に参加する一般の市民はそれを裁判の基本ルールだとは受け取らず「弁護士が言うことだから被告人のためだけに言っている」と受け取る危険性がある。

　また、弁護側の無罪推定や合理的な疑いを超える証明の内容についての説明も正確とはいえない。裁判官からの説示がないので、弁護側から「無罪推定や合理的な疑いを超える証明の内容について説明しました。これには通説がないので、検討した結果、『有罪とすることに迷いが残るか、疑いが残るか、それが残れば無罪』という説明の仕方をしました」[9]。

　「先ほどの検察官の冒頭陳述は、あくまでも検察官が思い描いた一つのストーリーに過ぎません。検察官は、及川さんを裁判にかけた以上、責任を持っ

---

[7] 船橋直昭「報告・模擬裁判員裁判　ルール作りから始めることが肝要」季刊刑事弁護44号(2005年)164頁。
[8] 安西敦「模擬裁判員裁判で明らかになったこと」京都弁護士会刑事弁護委員会「刑事弁護ニュース」42号(2006年)8頁以下。
[9] 同上9頁。

て、これから検察官のストーリーを証拠で証明していかなければなりません。普通の常識から考えて、少しでも疑問が浮かぶ場合には、検察官の証明は不十分である、無罪になるということになります。私たち弁護側は、検察官のストーリーに疑問がある、と揺るがせば良いのです。『疑わしきは罰しない』ということです。刑事裁判の鉄則です」。これは2006年6月に東京で行われた法曹三者による模擬裁判での弁護人の冒頭陳述である。以下のような最終弁論もあった。「最後に、弁護人側が冒頭陳述で述べたことを繰り返しますが、この法廷で提出された証拠に照らして、普通の常識から考えて、少しでも疑問が浮かぶ場合には、検察官の証明は不十分であるということを、もう一度念頭においてください」[10]。

しかし「この法廷で提出された証拠に照らして」は不正確で誤解を招く表現であって日本の用語では「この法廷で証拠調べされた証拠のみによって」と言わなければならない（提出は証拠請求の意味でも使うし、「照らして」は「証拠のみによって」よりは曖昧で、「参照」ととられかねない）。「普通の常識から考えて、少しでも疑問が浮かぶ場合には」は「合理的な疑いを超える証明があったと考える」より広すぎるのではないか。「普通の常識から考えて」はよいが、「少しでも疑問が浮かぶ場合」をすべて無罪としていては、ほとんどすべての事件が無罪になる。疑いがあっても、その疑いが「合理的な」レベル以内であれば、被告人を有罪とするために「検察官の証明は十分である」と見做すのが刑事裁判の事実認定の法則なのだ。

裁判官からの説示がないので、弁護側から「無罪推定や合理的な疑いを超える証明の内容について説明しました。これには通説がないので、検討した結果、『有罪とすることに迷いが残るか、疑いが残るか、それが残れば無罪』という説明の仕方をしました」[11]も「通説がない」も含めて不正確だ。

もっとも、最高裁の映画「評議」でも、陪席の女性裁判官が「少しでも疑いが残るときは」と発言していた。これまで裁判所がしてきたすべての判決とあまりにも違うことは別にしてもやはり「合理的な疑いを超える証明」を正確に理解していないとしかみられない。「『合理的な疑いを超える有罪』に満足する、

---

10) 2006年6月に東京で行われた法曹三者による模擬裁判での弁護人の最終弁論。
11) 安西・前掲注8) 8〜9頁。

ということは、立証責任と呼ばれていることです。それは検察官に、すべての疑いを超えるまでの有罪の立証を要求するものではありません。絶対的な確実さで何らかの立証をすることが可能なのは稀だからです。そのような考察は、合理的な疑いのうちの一つなのだ、と言った方がいいかもしれません」(3章で紹介した英米の説示中アラスカの「無罪推定」＝本書47頁でＡ１−６と表示)という説示を学んでほしい。

　他にも無罪推定原則を弁護側が冒頭陳述で裁判員に説明したとしている例がある。裁判所が説示したのかどうかは知らない（評議部分は弁護側に非公開か？）模様で「裁判官も事前に説明されたでしょうが」と書かれていて、少なくとも法廷での説示はされていないことがわかる(岡山)[12]。

　これらの模擬裁判の例を見ると、裁判官たちは、市民裁判官に、どのように事実認定をするべきなのかをあらかじめ説明する必要をまったく意識していないとしか思えない。法務省や裁判所が作った裁判員裁判のドラマを見ると、評議の場で質問があれば答えればいい、と考えているようだ[13]。しかし、抽選で選ばれていきなり裁判所に来た市民は、大体何を質問してよいかすらわからない。裁判の仕組みをていねいに手ほどきされて、ある程度の理解ができて、そこではじめて、質問することが出てくるのだ[14]。

　2005年に実施された法曹三者による模擬裁判開催の目的について、東京地裁の実施提案書では「在京法曹三者が共同して裁判員裁判の模擬裁判を実施することにより、手続の具体的イメージを共有して理解を深めること」。東京地検の実施提案書は「模擬裁判を実施し、これを広報用に公開することにより、裁判員法附則等において周知活動が求められている対象のうち特に『事件の審理及び評議における裁判員の職務等』について、都民を中心とす

---

[12] 渡邊勝志「第二回模擬裁判報告」岡山弁護士会刑事弁護センター「刑弁ニュース」25号（2006年）5頁以下。
[13] たとえば評議の中で一人の裁判員が「本で読んだのですが」と言って執行猶予のことを言い出す場面がある。このドラマでは、裁判官からどういう制度があり、その中でどういうことを考えて選択するのかという指針を示すことなく「評議」を進めていく。ドラマの結末では執行猶予判決になるのだが、もしこの一人が「本で読」まなかったらどうするつもりなのだろうか。
[14]「何でも思ったことを言ってください。一度言ったことを後から撤回しても大丈夫ですよ」と裁判長。そう言われても、何から切り出したらよいか分からない」「東京高裁が報道記者を対象に実施した模擬裁判に裁判員役として参加した」記者の印象記（読売新聞2006年8月1日付朝刊）。

る国民の理解を得ること」(地裁、地検の各説明用ペーパー)としている。施行を2年後に控えているというのに「手続の具体的イメージ」は裁判員が存在するということ以外には、これまでの裁判とほとんど変わらず、「理解を深める」ためにイベントをしているとしか思えない。

　こうした模擬裁判を行い、また前記のように裁判員裁判の広報のために膨大な予算を使ってドラマなどを制作している裁判所や法務省をみると、裁判員を法廷に参列させ、評議室に入れて、判決を決める過程を見せること以外に、これまでの裁判のあり方をどう変えようとしているのかが、まったく見えてこない。

　最高裁は2005年7月から「難解な法律用語をかみくだいて説明する能力を養う研修」を裁判官向けにスタートさせ、同月7日、各地の裁判長を中心とする32人を和光市の司法研修所に集めてNHKのアナウンサーを講師に最初の研修会を行ったが、そこで「『合理的な疑い』を説明しようとした裁判官はいずれも苦戦。……どの程度の疑いを指すのかを表現しにくく、実演の最中に『難しい』と本音が漏れる一幕もあり」と報道されている[15]。この裁判官たちは「合理的な疑いを超える証明」についての最高裁判例[16]による平易な言い換え(「ふつうの人なら、誰でも疑いをさしはさまない程度の真実らしいという確信」「誰が考えても、そう考えて疑いがない程度」)を知らないとしか思えない。ということは、これまでの刑事事件で事実認定をするときにこのような基準を意識することなく有罪・無罪を決めてきたのかとの疑いを持たれてもやむをえないのではないか。

　前記したアメリカ、イギリスの裁判官たちのように「裁判員に毎回裁判のルールを説明することは、裁判官がその都度そのルールを確認して、よりよく理解する」ことが、まず求められる。各地の模擬裁判で一様に裁判官の説示がないということは、これから始まる市民参加の裁判で、裁判官たちが本当に刑事手続の基本原則を実現しようとしているのかについてもあらためて危ぶまれる事態だ。裁判員裁判に向けて、今裁判所がするべきことは、個々の裁判官に「難解な法律用語をかみくだいて説明する能力を養う」ことより先に、

---

15) 読売新聞2005年2月19日付朝刊。
16) 最判昭23年8月5日刑集2巻9巻1123頁。

刑事手続と事実認定（量刑の本質も）の基本的な原則を裁判官自らが学ぶことではないか。英米のように長年にわたって裁判官judiciary（総体としての裁判官）が作り上げ、事件ごとに当事者と協議して説示を確定することを繰り返して現在のモデルになっている歴史と経験が、刑訴法の基本原則を深く自覚し、証拠法則を精密にしてきたことを、裁判員制度導入を期に、今こそ学ぶべきだ。

3. 説示なしでは裁判員制度は成功しない

(1) 裁判官は任務の自覚を

市民の裁判参加を成功させるためには、まず、

①裁判で行われていることを市民が理解し、求められている判断を自分もできると感じ、自分の考えをまとめることができ、

②自分の考えを裁判体としての結論の形成に向けて表現して、裁判体がそれを生かして結論を決めることができること、

をおいてはない。

この①②のいずれも、手続のプロである職業裁判官による、必要にして、市民の自主性を損なわない援助が必要なのだ。それを間違わずに行うのが、職業裁判官が厳正な基準に基づいて市民裁判官に与える実体法と手続についての説明＝説示である。

上記の模擬裁判などの例では、実施する裁判官には、協働する市民に、協働に必要な情報をまず提供するのが、一緒に判断を形成する職業裁判官の任務だという自覚が欠けているのではないかと感じられる。裁判員制度では、陪審制度とは違い、市民が常に裁判官と行動を共にしているのだから、取り立てて説示をする必要はないという程度に考えているとしか思えない。個々の裁判官らの裁判員制度についての論稿にも、説示についてはっきりと論じたものを見つけることができなかった。

その中で、植村立郎「裁判員制度への国民の理解と協力」[17]には「裁判員制度における評議の在り方」という小見出しがあり「評議の前提として、当該

---

17) 現代刑事法6巻5号（2004年）30頁以下。

事件の争点及びその判断に必要な法律解釈に関する説明などをする必要があるし、印象的な証拠評価を排除するためにも、証拠調べの進行状況に応じて、全体の証拠構造、その中での各証拠の位置付け、個々の証拠の趣旨、その信用性を検討する上で考慮すべき事項等について客観的に説明することになろう。さらに弁論終結後の評議では、証拠調べの結果を整理しながら系統立てて説明する必要があろう」、「また、評議に際しては、論点ごとに、まず各裁判員の意見を求め、その意見に明らかな誤解や重大な見落としがある場合には指摘するなどして、共通の認識を得た上、議論を尽くす必要がある」とあって、市民裁判官との協働について方向性が意識されている。

ただ、いろいろと問題はある。

① 「当該事件の争点及びその判断に必要な法律解釈に関する説明」の範囲や「法解釈」を、誰が決めるのか。法律上は「構成裁判官」の「合意」でなければならない（裁判員法66条3項）のだが、裁判所の作ったドラマのように当該裁判体の裁判長や個々の裁判官が「合意」手続なしに勝手に説明してはいけないことをどこまで意識しているのか。

② 「印象的な証拠評価」というのはおそらく裁判員が正しくない評価をすることを言っているのだろうが、それを「排除するためにも」するという「全体の証拠構造、その中での各証拠の位置付け、個々の証拠の趣旨、その信用性」とは、まさに最も踏み込んだsumming-upであり、裁判官の主観が非常に強く出ることになるが、それは裁判員法66条5項の解釈として許されるのか。

③ ②を「証拠調べの進行状況に応じて」するとしているが、「すべての証拠調べが行なわれ、私が法に基づいてあなた方にする説示を聞いたあと」でなければ、心証形成をしないようにという英米法のルール（本書では42頁「A1−3」の説示に現れている）があるように、「証拠調べの進行」中に のように裁判員に心証形成をさせてしまうことは許されるのか。

④ ③は「客観的に説明することになろう」とされているが、客観性を担保するために、何をするのだろうか。上記したように、長年にわたって説示モデルを磨き上げ、さらに両当事者の意見を聞いて説示内容を画定するのでなければ「客観的」とは言えないのだ。

⑤ 「弁論終結後の評議では、証拠調べの結果を整理しながら系統立てて説明する」というのもsumming-upそのものであり上記の問題をすべて含

む訴訟行為である。

⑥ 「評議に際しては、論点ごとに、まず各裁判員の意見を求め、その意見に明らかな誤解や重大な見落としがある場合には指摘する」と抽象的にはよいことのように聞こえるが、上で紹介した模擬裁判官での「裁判長が自分の結論を示す、陪席らが反対意見の裁判員を標的に攻撃する」「自分の考える結論と異なる裁判員に対して1対1に近い形で説得しようという態度」をどのようにして禁じ、客観性のある「指摘」にするのか。制度的担保がなければ危険この上ないと言わざるを得ない。

裁判所は、植村論文を最初のステップにして、「説明」の客観化＝すなわち「説示」モデルへの昇化をする作業を始めてほしい。それなしでは裁判員制度は成功しない。

(2) 市民の裁判参加への刑訴実務上の障害と説示

ところで、現在の日本の刑事手続には、市民参加の裁判にはなじまない制度実態が形成されてしまっている。これは説示モデルを作るにしても、当然大きな障害になる。むしろ説示モデルを作ってみることによって、それがどのくらい公正な裁判と相容れないかがよく認識できるともいえる。

以下に挙げるのはその障害のアットランダムないくつかにすぎない。日本の刑事法学のこうした問題への取り組みを切に望むものである。

(a) 鑑定証拠

読売新聞は2006年12月28日付に「裁判員裁判の課題が浮上した」と題する社説を載せた。「名張毒ブドウ酒事件」で混入された毒物の鑑定に対する評価の違いが、名古屋高裁刑事1部の再審開始決定と、同2部によるこの決定を取り消す決定を分けたことについて「裁判官でさえも難しい鑑定の評価を、一般市民が的確に行えるだろうか」また「さらに『疑わしきは被告人の利益に』と言う刑事裁判の鉄則」を「どう適用するかについて統一的な基準は示されていない」ことに危惧を示して「こうした問題に適切な対応が取られなければ、円滑な裁判員裁判は望めないだろう」と結んでいる。

後者の「疑わしきは被告人の利益に」に「統一的な基準」がないことは、上記2.で「合理的な疑いを超える証明」に関して述べた裁判官の勉強（不勉強）

にかかる問題だ。

　前者の「鑑定の評価」には二つの問題点が含まれている。一つは、このあとに書く市民参加裁判での書面証拠の問題で、陪審裁判では、鑑定証拠も、原則として鑑定人の証言（専門家証言）である。このことは、専門家にも、素人に対しても理解できるように説明する訓練を必然的にしていることに学ぶべきだろう。もう一つは、説示に関わる問題である。

　裁判員に判断してもらうためには、専門的な鑑定のどの点が公訴事実のどの点とどう結びつくのか、を裁判員に説明できなければならない。そのポイントアップは、実際には事件の有罪・無罪と密接に関係している。そこでその問題点を挙げる作業、及びそれを裁判員にどういう言葉で説明して、どのような判断を求めるのかは、裁判官と両当事者の協議によって確定しなければならない。つまり説示項目と説示文の確定である。

　実はこの点でも、専門的な知識に関わる判断をこのように客観化する機会がなかったことが、上記社説の指摘するような裁判の混乱の原因であったことを裁判に携わる者は自覚してほしい[18]。

(b)　書面主義裁判

　基本的な問題は、書面主義裁判だ。

　戦後英米法の原則を大幅に入れて改訂されたはずの日本の刑訴法は、直接主義、口頭主義の原則を制度化したはずでありながら、実質的には書面主義で運用されてきた。法廷では膨大な書面証拠が「乙×号証　自白」などという「要旨陳述」だけで「証拠調べ」を終わり、裁判官は法廷外で、机の上に積み上げた膨大な書面証拠（最も大量になるのが供述調書類）を判決書を書くために読むというのが、刑事裁判の実態だった。

　裁判員裁判では、書証を裁判員に読ませるのか。制度導入の過程で常に問題にされていながら、何の解決もしないまま裁判員法を作ってしまった。市

---

[18] 鑑定については検察庁も危機感を持っている。最高検察庁が2006年3月に各地の検察庁に配布した「裁判員裁判の下における捜査・公判遂行の在り方に関する試案」（以下「試案」）では鑑定人による「鑑定要旨」「捜査官において鑑定の結果を記載した報告書」で立証する方法を示している（26～27頁）が、ともに省略される部分が生じ、弁護側の有効な鑑定人尋問を妨げるおそれがある。

民参加の裁判制度は、刑事手続に直接主義、口頭主義を実現するものとして、導入されたはずである。陪審裁判では、証拠と言えば人証のことであり、書証はほんとうに例外的だ。

　本来、裁判員制度を導入するなら、捜査の記録方式から改めてかからなければならなかったはずだが、2004年刑訴法改訂は、捜査法にはまったく手をつけずに、公判法のしかも裁判員裁判に関係するところに虫食い的に手をつけたという誤りを犯している。そのつじつまを合わせるために、裁判員裁判では訴追側は「書証をなるべく絞る」とは言われているが、どこでどのように絞るのか。

　2004年刑訴法改訂では、供述録取書等（供述書、供述録取書、音声や映像で供述を記録したもの）に代えて「その者が公判期日において供述すると思料する内容の要旨を記載した書面」を使うことができるようになった（刑訴法316条の14第2号。今のところ公判前整理手続の規定だが、実務的に慣用される危険は目に見えている）。「要旨」を作るのは捜査官だ。これは供述録取書ではなく捜査官の捜査報告書の一種でしかない。

　裁判員裁判だから書証の量を少なくするという理由でこのような「要旨」が使われれば、日本の刑事手続は、さらに直接主義、口頭主義から遠くなる[19]。

(c)　自白調書とビデオ録画

　従来の日本の裁判実務からは、捜査段階の供述調書、とくに被告人の自白調書の取扱いが最も問題になり、現在特に裁判員裁判に向けた任意性・信用性立証のためとして取調べのビデオ録画を制度化することが模索されている。

　実務化が最も早くから定着しているイギリスでの制度発祥の目的を論じるまでもなく、本来は不当な取調べを防止する任意性担保のためであるのに「今回の試行は裁判員制度が実施された場合に、出来るだけ短い時間で、裁判になじみのない裁判員にも分かりやすいよう、捜査段階での自白が任意に行

---

[19] 注18)の「試案」は「供述調書の作成時期」から検察官は「詳細な内容の供述」ではなく「立証構造を的確に踏まえ」た調書を作成するように指示する。従来の用語でいう「仕上げの自白」であり、任意性や信用性を争う余地がそぎ落とされる。

われたことを証明するためのものです」[20]という官側の意識は、まったく違う。従来行われてきた取調べを維持したまま「仕上げの自白」だけを録画して裁判員に見せるなら、誤った裁判を行わせることにつながる。

(d) 検証・実況見分調書

学界や弁護士会でもほとんど論じられていないが、検証・実況見分調書の類にも、大きな問題がある。

供述調書より客観的だとされる検証・実況見分調書だが、捜査官の見解が大幅に入りうる日本の制度には、供述調書と同様の伝聞性がある。撮影した添付写真が真実その現場で撮影されたものであっても、何をどのアングルやズームで撮影し、どの写真を選択するかを含め、記述部分はさらに強く伝聞性を含んでいて、実際には捜査官の報告書であるこれらの書面を原則として使わない英米の実務にも学ばなければならない。

イギリスでは、現場の状況を証拠として提出するには、公判廷でビデオによる映像を無言のまま映写する方式がとられている。付近の道路から次第に接近して現場では四囲をくまなくカメラに入れ、血痕など必要な部分は大写ししていく手法は、日本の検証・実況見分調書添付写真と同じで、ただ捜査官の主観をまったく入れないため、途中のカットなしに、また一切のコメント無しに映像を再現している。事件当時の現場に行くことができない裁判官(陪審員)の五感に代わって、現場の状態を法廷に届ける、という検証の目的に、現在の技術水準として、これは最も好ましい方法ではないか。裁判員制度に向けて早急に方法を検討すべきである[21]。

そして以上いずれの問題にも共通するのは、その口頭化とともに、膨大な捜査情報の中から、どの点が公訴事実のどの点とどう関わるのかについて、素人裁判官である裁判員にポイントアップして判断点を示す説示は不可欠で

---

[20]「録音録画の試行」について最高検総務部長の大野恒太郎談話(読売新聞2006年8月1日付)。
[21] 注18)の「試案」は実況見分・検証調書の「ダイジェスト版」で立証すること、またとくに「写真等の視覚的手段も利用」した「被害再現」「犯行再現」(従来から非常に問題が生じる証拠方法だった=五十嵐二葉「ビデオ時代の刑事裁判と自白」法律時報57巻3号〔1985年〕77〜80頁など)が「裁判員の的確な心証形成を助ける上で有効」として、刑訴法321条〜322条の説明を付して「証拠化の工夫につき検討」を指示している。

あることだ。

4. 法曹は協力して説示モデルの作成を

　裁判員裁判の実施を目前に控えて、最優先でしなければならないのは、召集された裁判員にそのするべき仕事の説明をする統一した説示モデルを作ることではないか。そして、説示の経験がない日本で、一から作る説示モデルの作成は法曹三者の真の意味の協議によってする以外にない。

　この作業にあたって、多少とも参考になるのは、これまで刑訴法327条によってしてきた合意と新設された同316条の24での争点整理ではないか。この作業はすぐにでも取りかからなければ間に合わない。歴史のない日本で一からモデルを起こす作業は膨大な時間を要するだろう。2009年の制度実施までにもう時間はない。

　その作業の成否は、法曹全体の参加にかかっている。

　たとえば弁護士について言えば、自分の担当している事件で裁判官にしてほしい説示を書いてみよう。それは現在制度の下でも、弁論や控訴趣意書の作成にも、必ず役立つことだ。そして裁判員裁判が始まって、もし裁判所が説示をしなかったら、自ら作った説示を裁判所に示して、法廷で裁判員に読み聞かせるよう求めよう。

　日弁連は、刑事弁護や刑事法制、司法制度関係の委員会から委員を集めて特別の委員会を立ち上げて、モデル説示集の作成をはじめ、また、裁判所、法務省に、法曹三者で作ることを提案し、その協議を申し入れよう。

　以上いずれの作業にも、英米説示の翻訳をすることは非常に参考になる。最高裁や法務省には法務研究の実績がある。ぜひ取り組んでほしい。

第5章 裁判員制度に備えて、法曹は説示を書いてみてほしい

1. 説示の例

(1) 模擬裁判の実施

　筆者は2005（平成17）年と2006（平成18）年の各7月に、勤務する大学のゼミ生による模擬裁判員裁判を実施し、その中で説示を用いてみた。模擬裁判は、本書に収録したもの以外は、起訴状から冒頭陳述書、証拠調べ請求書、弁論まで、通常手続で用いる書面のすべてを学生に起案させて実施した。

　この模擬裁判では、裁判官3人、裁判員6人の裁判体構成をはじめ、裁判手続は裁判員法を前提としてすべて現行刑訴法により、通常行なわれている刑事裁判を再現して行った。ただし裁判員は、時間の関係で、当日の傍聴者（学部学生、法科大学院生、一般市民）からその場で募集し、（ただ見に来ているだけだからと言って遠慮していた中年の女性も含めて）応募者6人になったところで打ち切ってそのまま選任し、忌避手続は行わなかった。結審後、公開のままで評議評決を行い、その後に傍聴者を含めて意見交換した。

(2) 事例の選択

　事件は、2005年は電車内痴漢・公務執行妨害事件、2006年はコンビニでの万引き事件とした。

　いずれも裁判員裁判対象事件ではない。そうした第一の理由は、授業の2時限（3時間）に収められる限度の簡単な事件でなければならないことだが、それとともに模擬裁判によく用いられる傷害致死か殺人未遂かが問題となるような事例では、実際には傷口の鑑定書や病院のカルテなど不可欠となる書証の証拠調べを裁判員裁判でどのように扱うか（裁判員にこうした書証をすべて読んだ上で判断するよう求めるのか、裁判員に理解できない部分があった場合に、誰がどのように説明するのかなど多くの問題点について）、前記したように現在運用の制度設計をどう変えるのかのがまったくできていないし、

筆者自身も現在このようにするべきだという意見を固めていないからである。

(3) 資料の説明

上記の模擬裁判で使用した資料のうち、筆者自身が起案した以下のものを第6章・第7章に収録する。

① 模擬裁判進行表(両事例に共通)【本書91頁】

通常の手続の流れの中に、説示をはじめ裁判員裁判に特有なものを加えてある。

② 模擬裁判事例(電車内痴漢・公務執行妨害事件)【本書92頁】

筆者が作って与えたもので、学生がこれに基づいて起案した起訴状でもよいのだが、著作権の関係と、読みやすいこともあるので、こちらを収録する。

③ 開廷にあたっての説示(両事例に共通)【本書94頁】

一般的な手続原則なので、ほとんどどの事件にも使えるもの。ただ、裁判員の行動規制に関わる説示は入っていない。模擬裁判は当日限りの1セッションで終わるものであることが理由だが、前記したように、裁判員法の規定する行動規制は、ほぼ任務終了後に限られている。

④ 結審後の評議・評決に向けての説示(電車内痴漢と公務執行妨害事件)【本書100頁】

結審後の説示は、適用する実体法令が異なることから、事例によって異なる。2005年に実施した電車内痴漢・公務執行妨害事件は、公務執行妨害事件のように、裁判員に説明するのは非常に難しい罪種の説示について考えるきっかけとなればと思う。また2罪の併合起訴では、量刑についての説示も非常に複雑になるという例になるだろう。

⑤ 模擬裁判事例(コンビニでの万引き事件)【本書131頁】

⑥ 結審後の評議・評決に向けての説示(コンビニでの万引き事件)【本書133頁】

2. 説示の難しさ

書いてみると説示の難しさと重要さを改めて認識した。以下に気がついた点をいくつか挙げてみる。

①　所要時間の限度に収めるため、事例は最も簡単に設定したが、たとえば2005年施行の電車内痴漢事件で、冤罪主張の被告人が警察官の手を振り切って帰ろうとした行為を公務執行妨害罪に構成されたというよくあるパターンであっても、素人に事実を誤りなく判断してもらうための説示を作ってみると、理解してもらわなければ評議・評決できない事項が考えているよりはずっと多いことを実感した。

②　公務執行妨害罪の成否を判断してもらうための説示のように、単なる物理的な事実の有無ではなく、「公務の執行中であったといえるか」などの一定の評価を伴う事実認定では、評価基準の説明の仕方が、評決の結果により直接に影響することに注意しなければならない。アメリカでしているように、事件ごとの具体的説示を、被告弁護側と検察側が裁判官と協議して決めることが、不可欠であると実感した。

③　専門的な概念用語をわかりやすく言い換えることは、必ずといってよいほど、意味内容のズレを伴う。有罪・無罪のどちらにズレるかは、直ちに判決に影響する。その意味でも法曹三者による説示文の協定は不可欠だ。

④　平易に言い換えたつもりでも、上記の意味で言い換えられない、あるいは硬い表現にしか言い換えられない用語が多かった[1]。裁判員から意味がわからないとしてさらに質問が出た場合も想定して、紹介した英米法での説示に付されているような裁判官向けの「注」もぜひとも必要である。

⑤　模擬裁判では「被害者が被害に遭った事実」と「被告人がその被害を与えた者である事実」を分けて、評議・評決する方式をとった。すると評決の結果は2005年、2006年ともに「被害者が被害に遭った事実」は認定できるが、「被告人がその被害を与えた者である事実」は認定できないとして無罪になった。これを一まとめにして「痴漢事件（万引き事件）があったがどうかを判断するように」といった説示（陪審裁判では裁判長から陪審に対して回答を求めるべき設問が行われるが、裁判員裁判ではおそらく設問という形はとられず、

---

[1]「陪審裁判は、法律に社会の正義感を注入する機構であり、日ごろの生活上の出来事を規制するに当たり社会の基準をみつけ適用するための機構である。陪審裁判では、裁判官と弁護士とが、素人の言葉で意思を伝達する能力を維持し、素人の善悪の概念を認識することを必要とする。法務大臣官房司法法制調査部『アメリカ法曹協会による裁判所組織・事実審裁判所・上訴審裁判所に関する基準』法務資料119頁（法務大臣官房司法法制調査部、1982年）。

裁判長からの論点の提示という形式になるだろう）にしたならば、両事件とも「被害者が嘘を言っているとは認められないから、事件はあった」という評決で有罪となっていたかもしれない。説示の仕方はそのまま判決結果を左右することがありうることを実感した。

⑥　実は⑤の点に関し考えるについて、裁判所・弁護士会・法務省共催などで行なわれた各地の模擬裁判は、本格的な否認事件を題材にしていないことに気がついた。争点はせいぜい「傷害か過失傷害か」などで、罪体自体を真っ向から争う事件についての模擬裁判はなかったのではないか。

これも一日で終わらせるという時間の関係もあったことと思うが、本当の意味で市民参加が必要な（天の声である民の声を聞かなければならない）事件についての模擬裁判による訓練はまだ行われていないことになる。

供述書面の任意性判断は手続のどの段階でするのか（立法過程で、公判前整理手続でするという意見と、任意性判断は信用性判断に直結しており、実体判断をする裁判員の参加する公判廷でするべきだという意見があり、あいまいなままで裁判員法がつくられてしまっている）などをはじめ、本格的な否認事件でなければ直面しない手続をどうするのかが、すべて積み残しになっている。以下に紹介する模擬裁判の事例では、書面証拠を一切使わないということにして済ませているが、前記4章の注記で紹介した検察庁の「試案」だけが具体的な方向性を出している。

もし書証の扱いを含めて説示を書いてみるならば、市民参加の裁判に書証を用いることの難しさが本当に実感できるだろう。つまり陪審制の国では「証拠」と言えば証人尋問がほとんどであること＝直接主義・口頭主義でなければ運営できないことが身をもって体験できるはずだ。

⑦　陪審制の国では、死刑などを除く量刑は裁判官が主催する別の手続として行われ、プロベィション・オフィサーをはじめ、地域住民など、多様な情報源を集めて、刑事政策的な判断に基づいて裁判官が決定する。日本では素人である裁判員が量刑を決めるのだが、刑事政策的な刑罰の意味と目的を充分に理解させることなく、量刑をさせることはあってはならないことだと痛感した[2]。しかし、事実認定のほかに量刑もきちんと考えて評議・評決してもらおうとすると、非常に長い説示が必要になることもわかる。裁判員制度のパンフレットなどによる広報活動で、この点が絶対的に不足していることは、

大きな問題である。説示について言えば、罪体についての評議の結果がどうなるか（有罪か無罪か、一部有罪か）わからない段階で、量刑についての説示を準備しなければならないのだから、何通りもの量刑説示を準備しなければならない。英米法系の国のように、死刑などを除く普通の事件では原則として量刑を行わない理由の一端は、素人裁判官に量刑をさせることの難しさにもあることが実感できる。法曹三者の模擬裁判やドラマでは、量刑は量刑の実態を示す裁判所の「量刑資料」を示してその範囲でさせていたようだが[3]、それが国民参加の裁判員制度にふさわしいやりかたなのか、改めて疑問とせざるをえない。

⑧　時間の制約や学部学生の模擬裁判なので、事案も単純なものにして、証拠法上の争いはない想定にしたこともあり、ここでは証拠についての説示はしていない。裁判員裁判では公判前整理手続が前置されるので、証拠能力についての争いがあっても、整理手続で決着しているという想定なのかもしれない。しかしもしそれでも、最低限証明力についての問題は残るので、実際にはこの点についての説示が必要なことが多いはずだ。その場合、英米法では裁判長がするsumming-upで、証拠の重さweight of evidenceについて説示をしてよいとしている地域と、裁判所の判断を示す結果になるとして禁止している地域があることを参考にしなければならない。裁判所と両当事者にとっても非常に難しい作業になるだろう。ここでも両当事者との事前の協議と合意が必要になるはずである。

⑨　筆者が実施した模擬裁判では、上記した鑑定書をはじめ実況見分、検証などの各調書、そしてもちろん供述調書の証拠調べ方法とそれに対する説示もしていない。そのため証拠は、物証（万引きされたとする本）を除けば証言のみで構成した。

⑩　説示があまりに長いと、かえって理解できなくなることも考えられる。しかし、最低限必要な短さを心がけると、たとえば自分自身が、このようなこ

---

[2] 模擬裁判映画の類では、刑事政策的な説明はほとんどされていない。
[3] 前掲注2)のうちのある映画では、結局、裁判所の量刑資料には同じような例はないとして、いきなり「執行猶予をつけるべきか」という点について評議・評決し、「つけるべきだ」という結論になると自動的に（なぜ3年なのかについて何らの説明もなく）「では懲役3年執行猶予5年」と裁判官が判決を決めていた。

とを緊張した場面で一度言われて理解できるか、その理解を誤りなく用いて評議・評決できるか、非常に難しいと感じる。実施した模擬裁判では、説示項目をできるだけ小分けして、その都度質問を受け付けるようにしたが、模擬裁判員の中から質問をした者はいなかった。理解できたから質問しなかったのか、質問できるだけの理解すらできなかったのかは、わからない。

⑪　第3章で紹介したアメリカの説示のうちの状況証拠についての説示（C1-6、本書52頁）に付されている裁判官向けの「注」のように、例（道路が濡れていることと庭にとぐろを巻くホース）を付加して説明することが、非常に大切で、しかしまたその付加的な説明の内容次第で、評決が変わるだろうことも実感できる。その説明例も含めて公式にモデルを作成するべきことを痛感させられた。

⑫　裁判員が理解し、また繰り返し読んで確認することができるように、説示は文書にして、陪審員全員に渡すというアメリカの実務を、裁判員制度でも必ず実行するべきである。

⑬　⑫の説示文書は裁判員に記念に持ち帰ってもらうべきであり、それは他人に見せることも話すこともオープンであるべきである。もちろん公開の法廷で読み上げ、両当事者はもとよりメディアにも配布するべきである。このことは、立法例のない厳しい緘口令を敷いている裁判員法の下で「司法に対する国民の理解の増進とその信頼の向上に資する」何よりの手段ではないか。

　6章・7章に収録する説示例は、日本に独特の裁判員制度に合わせて作成している。すなわち、評議・評決に裁判官が加わらない陪審制では、結審後の説示は、陪審員が評議室に入る前にまとめて行わなければならないが、裁判員制度では、評議・評決の間、裁判官と裁判員が終始一緒に評議室にいるので、評議・評決のポイントごとに細かく分けて説示を行い、評議・評決する形式が、裁判員にわかりやすいので、その方式で書いている。

　この方法の難点は（模擬裁判以外では）、公開の法廷での説示に適さず、実施した説示内容が当事者に確認されにくいことだが、あらかじめ文書にして当事者の同意を得たものを裁判員にも配布して、そのとおりに説示を行うなど工夫すべきだ。説示がこの文書と異なる内容で行われたときは、当然、訴訟手続の法令違反となるはずで、その意味でも後記する（第8章「3．メディアと裁判員制度」）裁判員の守秘義務は見直されなければならない。

2．説示の難しさ

収録した説示は、つたないもので誤りを含んでいるかもしれない。ただ、裁判官はもとより、たとえば弁護士も、自ら説示を書いてみることによって、説示次第で評決の方向が決定されてしまうことを実感できるはずである。
　裁判員制度が実施される前に、法曹三者が説示の重要性に気づいてほしい。そして説示作りで協働することができることを願っている。

第6章 説示事例集1：電車内痴漢・公務執行妨害事件

1. 模擬裁判進行表

○開会宣言　（総合司会）
　　　↓
○ゼミ担当者からの経過説明
　　　↓
○裁判員の選任（申し出多数なら抽選）

《開廷宣言・裁判員の宣誓》
裁判長　それでは開廷します。
　ただいまから被告人Aに対する山梨県迷惑防止条例違反及び公務執行妨害被告事件について審理を始めます。まず審理に先立って、裁判員のみなさんに宣誓をしていただきます。では、裁判員のみなさんご起立ください。
裁判長　それでは審理に先立って、裁判員として公正に審議することを誓うという「宣誓」をしていただきます。
　先ほどみなさんに署名していただいた裁判員の宣誓書をご一緒に読みあげてください。
裁判員一同　「裁判員として、良心に従って公正に審議し、証拠のみに基づいて評決することを誓います」[1]
裁判長　では、裁判員のみなさん、只今の宣誓の趣旨にしたがって、公正なご審議をよろしくお願いします。着席してください。
　　　↓
《開廷にあたっての説示（オープニング説示）》[2]
裁判長　審理を始めるにあたって、まずはじめに裁判員のみなさんに、どのよ

[1) アメリカでは陪審員は「法律と裁判官の説示に従う」旨も宣誓する。

うにして審理していただくのか、刑事裁判の基本的なルールをご説明しておきたいと思います。

　開廷にあたっての説示＝別紙（本書94頁）

　それでは審理を開始します。
　　　　↓
《冒頭手続》
　　　　↓
《証拠調べ手続》
　　　　↓
《論告・弁論・最終陳述》
　　　　↓
《弁論の終結》

　結審後の説示＝別紙（本書100頁）
　　　　↓
《裁判体の評議・評決》
　　　　↓
《判決宣告》

○傍聴者の感想（総合司会）
　　　　↓
○閉会宣言（総合司会）

2. 事例の概要（事例設定）

　9月1日午前8時35分、通勤客が吐き出された甲府駅の3番ホームで、若い女Vが中年男Aの腕をつかんで怒鳴った。「あんた、痴漢したでしょう。警察呼ぶから」。Aは怒鳴り返した。「何をするんだ。おれは何にもしてないぞ」。

---

2) 開廷にあたって裁判員に刑事裁判の原則などを説明する「オープニング説示」は、公判廷に入る前に別室でするという方法も考えられないわけではないが、裁判員にどのようなことを説示するかは、両当事者の利害に直接関わることなので、公開の法廷で行うことが正しい方法だろう。それは公判を傍聴する国民に、刑事手続の基本を知らしめる機会でもある。

Vは「嘘つき、誰か警察呼んでください」と怒鳴りながらAの腕をつかみ続けた。Aは「とんでもない言いがかりだ。会社に遅れるじゃないか」と怒鳴りながら、Vを振りほどいて階段を上ろうとし、腕を放さないVを引きずりながら階段を駆け上って行くうち、ハイヒールを履いていたVは転倒して階段を転げ落ちた。Aはそのまま改札に向かったが、Vの悲鳴を聞いた乗客が騒ぎ、そのうちの一人Wが、駅員に「その男が女を突き落とした。捕まえて」と叫んだので、駅員がAを取り押さえ、110番したので、すぐにパトカーが来て、AとVを乗せて甲府署に入った。

　同日午後5時、当番弁護士として甲府署に入り、Aに接見した弁護士Lに、Aはこう訴えた。

　――私は痴漢などやっていません。あの女は派手な服を着ていて目立っていたので、電車の中で近くにいたことは知っていましたが、私との間には他の男性客がいて、痴漢などできるはずがないのです。また、女を階段から突き落としたことなどなく、自分で転んで階段から落ちたのです。

　私は、今日の午後、大切な得意先との契約があり、午前中に契約内容を確定して決済をとり、午後一番に得意先へ行かなければならず、気がせいていました。あそこで言い争いなどになり、時間をとられると、間に合わなくなりますから、振りほどいて行ってしまおうと思っただけです。

　警察を呼ばれてしまったので、警察官に事情を話すと、「とにかくここでは人目もあるから、署に行って話してくれ」と言うので、女と一緒にパトカーに乗ったのです。はい、手錠など掛けられませんでしたし、「逮捕する」とも言われていません。

　ところが警察に行くと、警察はまずあの女から別室で事情聴取をして、私はただ長いこと待たされました。私は時間がなくなると思い気が気でなく「早くしてくれ、何をしてるんだよ」と私を見張るようにそばについていた警察官を怒鳴ってしまったのです。すると警察官も怒り出し、「何だその口の利きようは。おれに楯突くとどうなるか今に見せてやる」と言いました。

　11時になって、先刻、女と別室に入ったままだった警察官2人がきて、「被害者は、あんたが人に押されたふりをして身体を押し付けながら、ミニスカートの下に手を入れて、身体に触った。許せない、と言っている。とにかく謝って、穏便に済ませるよう、示談したらどうだ？」「早く会社に行きたいんだって

な。そうすれば行けるじゃないか」と交互にしつこく言い、私は、今先生に話したように事実を話したのですが、警察官たちは私の言い分はまったく取り上げてくれませんでした。

　時間は過ぎていくし、気が気でなく、「穏便に済ませる」「示談したら」という言葉につられて、「じゃいいです。いくら払えばいいんですか」と言いました。すると警察官らは「まず調書にしてからでないと、示談にはならないな」というので、「いいですよ」と言うと「私は、自分の身体を被害者に押し付けながら、ミニスカートの下に手を入れて、身体に触りました」という内容を、まるで文字どおり私が喋ったような書き方で書いた調書をつくり、サインしろというのでサインして、カバンから出した印鑑も押しました。

　それなのにまた待たされ、私は「話が違うじゃないか。早く行かせてくれよ。おれは会社に行かなければならないんだ」と言いましたが、「待て」と言われるばかりでした。

　私はこれでは埒があかないと思い、立ってその部屋を出て行こうとしました。すると、一人の警察官が「待っていろと言ってるんだ」と言って立ちはだかったので、私は思わずその警察官を押しのけました。すると、他の警察官もいっせいに私に飛びかかってきて、警察官たちはいきなり私の腕をねじ上げ、足払いを掛けて私を倒して、「公務執行妨害で逮捕する」と言って手錠を掛けたのです。

　こんな不当なことがあるのでしょうか。

　先生、私を助けてください。早くここから出してください。この事件の弁護をお願いします。費用はお払いしますから──

3. 開廷にあたっての説示

　開廷にあたっての説示は事件名を除いて、どの事件にも共通して使える。次の「4. 結審後の評議・評決に向けての説示」は、上記2.の事例に合わせたものである。

❶ 最初のあいさつ[3]

　裁判員のみなさん、みなさんには、これから、被告人Aに対する、△△△△罪事件について審理に参加していただきます。

　審理は、まず検察・弁護双方から、この事件についての主張である「冒頭陳述」が行われ、そのあとで証拠調べが行われます。この事件では、検察・弁護双方から証人尋問が行われます。そして最後にまた検察・弁護双方の主張である「論告・弁論」が行われます。

　みなさんには、よく聞いていていただき、検察・弁護双方の陳述や主張で理解しにくいことがあれば私に言っていただき、必要なら直接確かめていただくこともいたします[4]。また証人の証言や被告人の言うことを聞いた上で確かめたいことがあるときは私に言っていただき、必要なら直接確かめていただくことも可能です[5]。

　審理が終わりますと、私たち裁判官と一緒に、この事件についてどのような判決をするかを相談していただきます。この相談を「評議・評決」と言います。決めていただくことは大きく分けて3つです[6]。

　1つ目は、起訴された事実について、この被告人がやったと認めることができるのか、を判断していただきます。これを「事実認定」と言います。被告人がやったと認めることができれば有罪、認めることができなければ無罪ということになります。

　2つ目は、もし、被告人がやったと認られた場合、その行為にはどのような法律を当てはめて処罰をするのか、です。

　3つ目は、その法律が決めている範囲で、この被告人に、具体的にどのような処罰をするのか、を決定していただきます。

　みなさんと私たち裁判官とで一緒に決めた結論が、そのまま、この法廷の判決となって被告人に言い渡されます。

---

3) 実際の模擬裁判でも、このように小項目ごとに通し番号をつけて、模擬裁判の現場で、事実認定のいかんによって次にするべき説示へ裁判長役の学生が、間違いなく進めるようにした。
4) 裁判員法には 訴訟関係人の主張について裁判員が質問できるとの規定はないが、適切な質問なら許したほうがより参加の意義があるはずである。
5) 裁判員法56条。
6) 裁判員法6条1項第1〜3号。

刑事裁判は、このように、被告人とされた人の人生を大きく変えることになります。
　そこで、その判断は、無責任な世間話などとはまったく違って、法律で決められた厳格なルールに従ってされなければなりません。
　これからその判断の仕方について、お話しますので、もしわかりにくいことがあれば、私の話の途中でも、またどんなことでもかまいません。遠慮なくお尋ねください。

「事実認定」についての一般的ルール
　まず、「事実認定」の一般的なルールからお話しします。
　人類が刑事裁判の長い歴史の中で、試行錯誤しながら経験を積重ねて作ってきたルールのうち、わが国の刑事訴訟でもとられていて、みなさんもそれに従って「事実認定」をしていただかなければならないルールです。

［無罪推定の原則］
　はじめに「無罪推定の原則」をお話します。
　すべての刑事事件の被告人は、「無罪の推定」を受けています。この事件の被告人Aも「無罪の推定」を受けています。
　どういうことかと言いますと、この法廷で、証拠調べをされた証拠だけによって、それもこのあとでお話しする厳格な基準によって「有罪」と認められるまでは、すべての人が、彼を無罪だと考えて、扱わなければならない[7]、ということです。とくに、彼の事件を審理するわれわれ、裁判員のみなさんと裁判官である私たちは、この無罪推定の原則をきちんと実行して裁判をしなければならないのです。
　何かご質問がありますか？　どんなことでも疑問がありましたらおっしゃっ

---

7) 日本では無罪推定の原則は証拠法の一部と考える人もあるが、国際的には、有罪が手続的に確定されるまでは、刑事司法過程のすべてにおいて、無罪である者として取り扱われるという原則である。たとえばフランスでは「無罪推定の保護の強化と被害者の権利の強化に関する法律」2000法律516は、この原則のために置かれた「前置1条Ⅲ項」によって「犯罪の嫌疑を受けた人に対する強制的な手段は……人間の尊厳への侵害をもたらすものであってはならない」(Loi renforçant la protection de la presumption d'innocence et droits des victims Loi n° 2000-516 du 15 juin 2000)ことをも規定している。

てください。
　（質問を受ける）

［主張と立証の違い］
　「証拠だけによって、有罪か無罪かを判断していただく」ということの一つは、「主張と立証の区別」です。
　この裁判のはじめに、検察官が「起訴状」を読み、次に「冒頭陳述」をします。
　公判の審理を終わるに当たっては「論告・求刑」の意見を述べます。
　弁護人も同じように、はじめの方で「冒頭陳述」をし、最後の法廷では「弁論」を述べるでしょう[8]。
　そのほかにも、裁判を進める間に、検察官も弁護人もいろいろな場面で自分の側の意見を言うことがあります。しかしこれらはみな検察官と弁護人の「主張」、つまり「自分はこう考えている」という意見であって、証拠ではありません。
　みなさんは検察官と弁護人のこれらの発言の内容から直接、有罪か無罪かを判断してはいけないのです。
　また、もしみなさんがこれまでマスコミなどでこの事件について報道されたのを見聞きされているとしても、そういう情報は証拠ではないのです。みなさんは、この事件の有罪無罪、あるいは有罪の場合の刑を決めるについて、そこから一切影響を受けてはいけないのです。
　この法廷で、正式に証拠調べ手続をした証拠だけを材料として考え、被告人が起訴されている行為を、やったのかどうか判断していただかなければならないのです。
　もう一つ、証拠調べは厳格なルールに則って行われますが、もしこのルールに違反した証拠調べが実際に行われてしまった場合には、私のほうから特別にみなさんに、この証拠の全部、あるいはこれこれの部分は証拠にすることはできないので、事実についての判断に使わないでください、と注意いたします。わかりやすくいえば、証拠のその部分を「忘れて」いただけばいいのです。
　何かご質問がありますか？　どんなことでも疑問がありましたらおっしゃっ

---

[8] 裁判員裁判には公判前整理手続が必要的に行われ（裁判員法49条）、公判前整理手続を経た事件では、弁護側も「事実上及び法律上の主張があるときは」冒頭陳述を行わなければならない（刑訴法316条の30）。義務化されたわけで黙秘権保障に反するとの危惧も言われている。

てください。
　（質問を受ける）

［証拠の証明力］
　今、申しましたように、みなさんには、この法廷で、証拠調べをされた証拠だけによって、被告人が起訴されている事実の有無を判断していただくのですが、「この法廷で、証拠調べをされた証拠」だからといって、その証拠がすべて真実だけを語っているということはありません。証拠には、それが作られたいきさつなど、さまざまな事情から、気づかない記憶違いや、思い違い、なかには、意識的な嘘も混じっていることもあります。
　ある証拠が事実をどの程度正確に証明しているか、ということを「証拠の証明力」と言います。
　それぞれの証拠の「証明力」をどう判断するのかは、みなさん個人の自由な考え方に任されています。法律の言葉では「自由心証主義」と言い、刑事裁判の大切な原則です。
　みなさんは、裁判員として、事実の有無を判断するにあたって、まず、その事実を証明するために、検察、あるいは弁護側から出された証拠の「証明力」について判断して、次にその判断を基礎にして、その証拠からある事実の有無を判断していただき、そのようにしてすべての証拠から、起訴された事実全体の有無を判断していただく、という順序を踏むことになります。
　何かご質問がありますか？　どんなことでも疑問がありましたらおっしゃってください。
　（質問を受ける）

［合理的な疑いを超える証明］
　さて次に、その「証明力」があると考えた証拠によって事実があったかどうかを判断する、その判断の仕方についてお話しします。
　刑事事件で、被告人が犯罪事実をしたと判断するということは、それによって被告人に刑罰を科することになるのですから「何となくこうではないか」ではいけないのはもとより、「どちらかといえばそうかなあ」という程度でも足りないのです。

刑事事件として独特の厳しい判断をしていただくので、その判断基準についてこれからお話しします。
　法律の言葉で言いますと「合理的な疑いを超える証明」があったか、なかったか、と言います。「合理的な疑い」という言葉はちょっと耳慣れない言葉ですね。
　これは「ふつうの人なら、誰でも疑いを差し挟まない程度の真実らしいという確信」だと最高裁判所の判例[9]で言われています。もう少し平たく言うなら「誰が考えても、そう考えて疑いがない程度」[10]とも言われています。
　被告人が起訴されている事実について、みなさんが証拠から「合理的な疑いを超える証明」があった、つまり「ふつうの人なら、誰でも疑いを差し挟まない程度に真実らしい」という確信を持てたと判断すれば、その事実について有罪の判断をしていただきます。
　疑わしいところはあるけれど、そういう確信までにはいかない、と思われたときは、「犯罪の証明が十分ではなかった」ということになり、無罪の判断をしていただかなければなりません。別な言い方で「疑わしきは被告人の利益に」とも言います。有罪か無罪か、事実があったかなかったか、どちらか疑わしいときには被告人の利益になるように判断しなければならないのです。
　このことを意識して、事実があったか、あったとは言えないか、を厳正に判断していただくのが、裁判員のみなさんにしていただく最も中心的な仕事です[11]。
　みなさんにはこのルールを意識しながら、証人の証言などを聞いて判断していただかなければならないのです。
　何かご質問がありますか？　どんなことでも疑問がありましたらおっしゃってください。
　（質問を受ける）

［立証責任］
　最後に、「立証責任」ということをご説明します。

---

9)　最判昭23年8月5日刑集2巻9号1123頁。
10)　上記判例の判決文の一部。
11)　事実認定は司法への市民参加の中核であり、裁判員法6条1項でも最初に書かれている。

裁判は、すべて証拠によって判断しなければならないのですが、世の中で起こったことのすべてについて、充分な証拠が残っているとは限りません。
　証拠がないとき、不十分なとき、つまり、法廷に出された証拠だけでは「合理的な疑いを超える証明」に至らない場合でも、裁判所は事件について求められた判決をしなければなりません。
　刑事裁判では、その場合、事件を起訴した検察官に「立証責任がある」と言いまして、検察側が充分な証拠を出すことができなかったときは、有罪の判断はできない、ということになっています。先ほど証拠の証明力のお話をしたとき「疑わしきは被告人の利益に」と申しましたが、それは、事件全体として考えると「疑わしきは罰せず」ということになるのです。
　具体的にこの事件でみなさんに判断していただくポイントは、証拠調べを終わったあとでお話ししますが、各々のポイントについて、もしみなさんが、「合理的な疑いを超える証明があったとは言えない」と判断されたら、その事実は「なかったもの」として、判断していただかなければいけないのです。
　逆に、被告人（弁護人）側には、立証責任はないのです。つまり被告人（弁護人）は、「やっていない」ということを証拠によって立証する責任はありません。
　あくまでも、検察官が「やった」という充分な証拠を出さなければならず、それができないとき、やったか、やらなかったか証拠上はっきりしないときは、被告人は無罪となるのです。
　これの判断の仕方は、刑事裁判での基本的なことです。
　何かご質問がありますか？　どんなことでも疑問がありましたらおっしゃってください。
　（質問を受ける）
　それでは、これから公判の審理が始まりますので、裁判員のみなさんは、よくお聞きになっていてください。

4.　結審後の評議・評決に向けての説示

❷　評議・評決のやり方

裁判長　それではこれから、評議・評決に向けての説示に入ります。

裁判員のみなさんには、私たち裁判官と一緒に、ただ今結審した、被告人Aに対する被告事件についての判決内容を決めるための「評議」「評決」をしていただきます。
　「評議」というのは、裁判員のみなさんと、私たち裁判官が、この事件の被告人の有罪か、無罪か、そしてもし有罪なら、どのような刑を言い渡すのかを一緒に考えて、相談することで、「評決」というのは、その相談の結果を確認して結論を決めることです[12]。
　そのために、どのようなことを、どんなルールでするのかを、まずご説明しておきたいと思います。

「評議」の対象について
　裁判員のみなさんに、私たち裁判官と一緒に考えて決めていただくのはどういうことなのか、ということをもう少し詳しくお話します。大きく分けて3つあります[13]。
　①まず「事実の認定」ということです。
　これは、事件の中の、主として被告人がその行為をしたのであれば、犯罪にあたり、有罪の判決をすることになる「事実」があったかどうか、を判断していただくのです。
　その他にも、この事件では、被告・弁護側が主張しているように、甲府警察署内で起こって検察官が公務執行妨害罪だとして起訴していることは、被告人の「正当防衛」だったかを判断していただかなければならないので、その点についてはあとで詳しくご説明します。
　②もし、検察官が起訴している被告人の行為が「あった」という評決になった場合、次にしていただかなければならないのは「法令の適用」[14]、平たく言えば「法律を当てはめる」ということです。この事件では、被告人の行為はど

---

[12] 裁判員の参加する刑事裁判に関する法律（以下裁判員法と略）67条1項は「評議における裁判員の関与する判断は……構成裁判官及び裁判員の双方の意見を含む合議体の員数の過半数の意見による」とし、2項は刑の量定について結果的に同様になるように定めるが、まず全員一致を目指し、どうしても一致が得られないときには67条の多数決で決める、という条文はない。しかし、それは市民参加の当然の前提でなければならない。その趣旨を「相談の結果を確認して結論を決める」というやわらかい言葉で表現した。
[13] 裁判員法6条1項第1〜3号。

んな犯罪にあたるか、又は正当防衛にあたるかという判断、ということになりますので、その都度また詳しくお話します。

①で、被告人に犯罪に当たる行為があったという結論になったときに、どういう法律や規則を当てはめて、処罰をするか、が一番主な「当てはめ」ですが、この事件では被告弁護側が主張した「正当防衛」についての判断も「法律の当てはめ」の一つです。

③最後に「刑の量定」を判断していただくことになります。つまり、①と②の「評議」「評決」によって、被告人が起訴されているどちらかの、あるいは両方の罪で有罪だという結論になったときには、ではこの被告人には、どのような刑を言い渡すのがよいのかを、法律で決められた範囲の中から判断していただくのです。

事実認定のルールの確認

さて、一番めに申し上げた「事実の認定」をしていただくには、裁判が始まる前に申し上げた事実認定についての基本的なルールに従ってしていただかなければなりません。

基本的なことだけでも確認しておきましょう[15]。

刑事被告人には「無罪推定の原則」があって、この法廷で取調べした証拠だけによって「合理的な疑いを超える証明」があったときでなければ、起訴されている事実があったと認めてはいけない。「合理的な疑い」とは「ふつうの人なら、誰でも疑いを差し挟まない程度の真実らしいという確信」「誰が考えても、そう考えて疑いがない程度」で、そう考えられないときは、その事実はなかったと考えて、たとえ疑わしいと思っても、無罪の判断をしていただくということ

---

14) 裁判員法6条1項2号は裁判員の権限として「法令の適用」を規定する。訴因の変更や「縮小認定」に対応できるようにしたものだろうが、法律の素人である裁判員に、どのような「法令の適用」をさせ、どこまでの判断をさせるのか、今後問題となることが多いだろう。
15) 紙数もあるので、ここでは短縮して告げる形にしたが、素人が一度聞いただけで理解できるとは期待できない。英米系の陪審員は、日常的に社会的な教育を受ける環境にある上、陪審員候補者としての呼出しに伴って、何度もこのような法則を教えられる。その上忌避手続で、この法則を理解してるかを試す質問をされて、理解していなければ理由つき忌避の対象となるので、陪審員に選任された者は、すでに一定の理解をした者であるが、それでも裁判官は、開廷説示と評議室に入る前の説示で、繰り返して説示するほか、事案ごとに必要な場面で、事案に合わせて噛み砕いて説示する。

でしたね。今は簡単にまとめて言いましたが、もしわかりにくいようでしたら、何度でも詳しくご説明しますので、遠慮なくおっしゃってください。
　何かご質問がありますか？　どんなことでも疑問がありましたらおっしゃってください。
　（質問を受ける）

「評議」のやり方
　それではこれから、この「評議」、つまり今申しました相談のやり方について、ご説明します。

［自由で、平等な討議］
　「評議」は、裁判員のみなさんも、裁判官である私たちも、まったく同じ資格で、平等に、自由に、意見を言い合う場所です。私たちが裁判官だから、法律の玄人なのだから、と考えて遠慮される必要はまったくありませんし、遠慮するのは間違いです。

［素人である市民の意見を］
　素人であるみなさんの意見を裁判に反映するために、このような「裁判員制度」を作ったのですから、みなさんのありのままのご意見が大切なのです。
　みなさんはテレビドラマなどで、裁判員の人が、「裁判官はどう考えるのですか」とか、「まず専門家の意見を聞きたい」とか言うのを見られているかもしれません。でも裁判官が先に意見を言ってしまうのはよくありません。市民のみなさんは、「専門家がそういうのだからそれが正しいのだろう」と考えて、それを前提にしてしまうおそれがあるからです。
　法律的な知識が必要なときは、ご説明しますが、それに従った上でしていただく判断は、あくまでも「素人の判断」でよいし、そうするための裁判員制度なのです。
　ですから「評議」では、まず裁判員のみなさんから、そしてなるべく年齢の若い方から、遠慮なく意見を言っていただき、私たち裁判官は、最後に意見を言うようにいたします[16]）。
　どうぞ「こんなことを言っては笑われるのではないか」などと考えないで、み

なさんが一番親しいお友達同士で議論をし合うときと同じように、何でも思ったことを率直におっしゃってください。

「評議」はみなさんのご意見が充分に出尽くすまで続けたいと思います。

「評決」のやり方

みなさんのご意見が充分に出尽くしたら、「評決」に入ります。

「評決」とは、それまでの「評議」の結果を踏まえて、この事件の被告人の有罪か、無罪か、そしてもし有罪なら、どのような刑を言い渡すのかを全員で一緒に結論を出すことです。

みなさんは外国でやっている「陪審制度」の裁判をドラマなどでご覧になったことがあるかもしれません。「陪審制度」では、多くの国で、全員一致でなければ結論を出すことができないことになっています。

わが国の「裁判員制度」では、少し違って、裁判員のみなさん6人と、私たち裁判官3人、合計9人の中での多数決で結論を出してよいことになっています。

ただし、その多数の中には、裁判官が少なくとも1人以上含まれていなければならない、つまり裁判員のみなさん5人のご意見が一致しても、それだけでは結論を出せない、という決まりになっています。

とは言っても、「評決」は被告人の運命を決める大切な結論です。できるだけ、9人全員の意見が揃っての納得できる結論が出せるような、充分な「評議」をしてから、「評決」にしたいと思いますので、どうぞお付き合いください。

そのためには「評決」に入ってからでも、ご意見や疑問を出していただいて結構です。

前に言われたご意見や結論と違ったことを言っていただいても、かまいません。

事件全体についての「評決」が出ますと、その内容がそのまま、この裁判所の「判決」として、被告人に言い渡されます。

これまでのところで、何かご質問がありますか？　どんなことでも疑問がありましたらおっしゃってください。

---

16) フランスで実施されている方法。

（質問を受ける）

《「評議」》
　ではこれから「評議」に入ります。

❸ 起訴状第一事実＝山梨県「公衆に著しく迷惑をかける暴力的不良行為等の防止に関する条例」2条2項違反、いわゆる痴漢事件の事実についての説示

　では、みなさんには、まず、被告人Aが、起訴されている二つの犯罪事実のうちの「第一事実」＝山梨県「公衆に著しく迷惑をかける暴力的不良行為等の防止に関する条例」2条2項違反である、いわゆる痴漢事件にあたる行為について、評議・評決をしていただきます。

[「証拠による判断」の確認]
　それを判断していただくやりかたですが、ここで、この裁判の審理を始める前に「事実認定についての一般的ルール」として申し上げたことを思い出していただきたいのです[17]。
　簡単に繰り返しますので、わかりにくいことがありましたら、どんなことでも質問してください。
　みなさんはこの「要証事実」＝検察官が証拠によって証明しなければならない事実＝があったかどうかを、この裁判で証拠として正式に取調べをした証拠だけによって判断していただかなければなりません。
　裁判の始まる前にも申しましたが、みなさんが法廷の外でたまたま聞いたことや、テレビや新聞で報道されたことから判断してはいけないのです。また、この法廷で検察官が「冒頭陳述」や「論告」で述べたこと、弁護人が「冒頭陳述」や「弁論」で述べたことは、検察官や弁護人が「こういうふうに判断してほしい」という意見とか希望を言っているので、その考え方を参考にすることはあって

---

[17] 開廷時に説示したことだが、素人が一度聞いて十分に理解することは難しい。最も大切なことなので事実認定の評議・評決に際して確認的に繰り返す。

も、それは証拠ではないので、ご注意ください。

[「証拠の証明力」の確認]
　みなさんには、この法廷で、証拠調べがされるのを見てこられました。それらの証拠だけによって判断していただくのですが、「この法廷で、証拠調べをされた証拠」だからといって、その証拠がすべて真実だけを語っているということはなく、証拠には、人の記憶違いや、思い違い、なかには、意識的な嘘も混じっていることもあるので、ある証拠が事実をどの程度正確に証明しているか、という証拠の「証明力」をどう判断するのかは、みなさん個人の自由な考え方に任されていることも、最初にお話ししましたね。

　法律の言葉では「自由心証主義」と言うのですが、ただ「自由」といっても、勝手気ままやいい加減でよいということではありません。被告人となっている人の運命を決めることにつながるのですから、みなさんがよく考えた上で、自分なりに責任を持って人に説明することができるだけの判断をしていただきたいのです[18]。

[「合理的な疑いを超える証明」の確認]
　そのような証拠によって、先ほど確認した「要証事実」を被告人がしたかどうかは、「合理的な疑いを超える証明」があったかどうか、という刑事裁判独特の基準で判断するのでしたね。これを言い換えると「ふつうの人なら、誰でも疑いを差し挟まない程度の真実らしいという確信」「誰が考えても、そう考えて疑いがない程度」と言われています。みなさんはこの基準に従って、これからお願いする事件についての「要証事実」の一つ一つが本当にあったのかどうかを判断してください。

　もしみなさんが、事実があったかかもしれないと疑わしいところはあるけれども、でもそういう確信までには行かない、と思われたときは、「犯罪の証明が充分でなかった」ということになり、無罪の判断をしていただくことになりま

---

[18] 自由心証主義とは、恣意的な判断を許す趣旨ではなく、経験則や倫理則にのっとった合理的な判断でなければならないとは、従来、裁判官の判断について言われてきた──たとえば団藤重光『刑事訴訟法綱要』（創文社、1972年）282～283頁など──ところが、実体判断をする裁判員にも同様のことが要求されなければならない。

す。
　「疑わしきは罰せず」として、すべての刑事事件の被告人が受ける「無罪推定の原則」であるということも、はじめにお話ししたとおりです。
　何かご質問がありますか？　どんなことでも疑問がありましたらおっしゃってください。
　（質問を受ける）

［起訴状第一事実についての要証事実］
　それでは、そのように判断していただく最初の事実、つまり起訴状第一事実についての「要証事実」として検察官が証拠によって証明しなければならない事実を再度確認していただきます。それは、「起訴状に書かれている日時に、その電車の中で、被告人が、被害者Vに自分の身体を押し付けながら、ミニスカートの中に手を入れ、臀部にさわる行為」ということになります。よろしいですか、繰り返します。（繰り返す）

［痴漢事件の判断ポイント］
　ところで、痴漢事件は、本件のように、被疑者と被害者の言い分以外には証拠がない、そしてその被疑者と被害者の言い分が正反対だ、という事件がかなり多いのです。
　そこで、このような事件では、いくつかの裁判例で、被害者の証言に次の6つの要件があれば、犯罪の成立が認められています[19]。必ずしもこのとおりに考えなければならないというわけではありません。みなさんがよりよい判断の要件を考えてくださってもよいのですが、一つの参考になります。
　①具体的
　②詳細
　③自然であり臨場感に富む
　④合理的
　⑤迫真性があり、反対尋問に耐え、一貫している

---

[19] 秋山賢三「痴漢事件（迷惑防止条例ほか）」季刊刑事弁護36号（2003年）110頁以下では、（被害事実の存在について）この「『有罪のための6つの要件』を備えている旨認められると、そこから直ちに有罪を認定することができるとする判示がままあった」としている。

⑥虚偽を述べる理由が見当たらず、間違えるはずもない

そこで、仮にこのように、6つの要件で考えるとしても、この事件もそうですが、人を対象とする犯罪事件については、大きく分けて2つのポイントがあります。

まず、第1に、被害者が被害にあったか、というポイントです。

第2に、被告人として起訴されている人がその被害を与える行為をした人なのか。

この2つです。

今私がご紹介した6つの要件は、まず、第1の「被害者が被害にあったか」について考える要件とされてきたのですが、特に本件のような込み合う電車内の痴漢事件については、この第2の点が争われることが多いのです。

つまり、「被害者が被害にあった」事実についての被害者の証言は、「具体的、詳細、自然であり臨場感に富み、合理的、迫真性があり、反対尋問に耐え、一貫しているし、虚偽を述べる理由が見当たらず、間違えるはずもない」としても、その痴漢行為をした人間が、「他の人ではなく、この被告人だ」という点についての被害者の証言が「具体的、詳細ではなく、自然ではなく臨場感に乏しく、合理的ではなく、迫真性もなく、反対尋問に耐えず、一貫せず、虚偽を述べる理由があり、間違えるはずがない」とは「言えない」としたら、普通に考えて「被害者が被害に遭ったことは事実でしょうけれど、被害者にその被害を与えたのが、この被告人だとは言えない」ということになるのではないでしょうか。ですから、このように、先に言いました犯罪事件についての2つのポイント、「被害者が痴漢被害にあったか、その痴漢行為をしたのはこの被告人か」について、2つとも6つの要件で被害者の証言を吟味していただくことが必要だと思います[20]。

この判断方法は、基本的には被告人の供述についても同じに考えていただいていいと思います。

---

[20] このように、判断の仕方を区分するか否かは、評決の結果に大きな違いを生むと思われる。この模擬裁判では、一般市民と法科大学院生、学部生で構成された裁判員は「第1のポイント」については「事実はあった」、「第二のポイント」については「事実はあったとは言えない」という評決に達した。もし「痴漢行為は事実か」というポイント設定をすれば「事実だった」という評決になった可能性は高い。このことによって、説示の仕方と評議評決の運営が判決を左右することが如実に体験できた。

何かご質問がありますか？　どんなことでも疑問がありましたらおっしゃってください。
　（質問を受ける）
　では、起訴状第一事実についての「評議」に入らせていただきます。
　「評議」の途中でも、今申しました判断の仕方で、わからないことや、忘れられたことがありましたら、遠慮なく、何度でも尋ねてください。

❹ 起訴状第一事実のうち第1のポイントの事実認定についての評議・評決

《評議》
　先ほど挙げました、特に痴漢犯罪事件についての2つのポイントのうち、まずはじめのポイント＝「被害者が起訴状で言われているような被害に遭った事実」について、この法廷で取り調べた証拠から判断して「合理的な疑いを超える証明」が有ったといえるかについてお考えをうかがいましょう。
　（もし誰も積極的に発言しない時は）
　裁判員N番の方、
　（年齢が若そうな順に、全員一巡するまで意見を聞いて、そのあとで自由討議する。陪席裁判官と自分の意見は、裁判員の意見がある程度まとまるまでできるだけ言わない）。

《評決》（以下の各評決の場面ごとに、再記しなくとも同じ説示と評決を繰り返すこと＝以下では「上記いずれかの方法による評決」と表記する）
　では、みなさんのご意見も大体出そろったと思いますので。起訴状第一事実のうち第一のポイントについての「評決」に入らせていただきます。
　「評決」の途中でも、さっき申しました判断の仕方で、わからないことや、忘れられたことがありましたら、遠慮なく、何度でも尋ねてください。
　評決のやり方ですが、これはとくに決められていません。
　お一人ずつ、口頭で意見を言っていただく方法もありますし、もしご希望があれば、無記名投票でするということも考えられます。あるいは、その両方を組み合わせて、何度かやってみるということも考えられます。みなさんのご意

見はどうでしょうか[21]。
　（裁判員から特に意見がないときは、裁判官同士で合議した上で、上記いずれかの方法による評決）

《評決の結果確認》
　では、評決の結果を確認させていただきます。
　「起訴状第一事実の痴漢行為について、被害者Ｖがそのような痴漢被害に遭った」ことは合理的な疑いを超えて立証された（されなかった）[22]。これでよろしいですね。

☞被害事実の存在が立証されなかったとの評決に至った場合
　ただ今の評決では、「被害者Ｖがそのような痴漢被害に遭った」こと自体が存在したとは立証されなかった、という評決になりました。つまり刑事裁判上はなかったとみなすことになったので、そうしますと、２つのポイントのうち後の方＝「その被害を与えた、つまり痴漢行為をしたのはこの被告人である」ということはありえないことになります。
　ですから被告人は「起訴状第一事実の痴漢行為については無罪」ということになります。
　よろしいでしょうか。（確認する）→❻に進む

☞被害事実の存在が立証されたとの評決に至った場合

❺ 起訴状第一事実のうち第２のポイントの事実認定についての評議・評決

《評議》
　ただいまの評決で「被害者Ｖが痴漢被害に遭った」という事実はあった、という評決になりました。そこで、痴漢犯罪事件についての２つのポイントのう

---

[21] フランスは無記名投票である。評決の仕方が法定されていない以上、評決参加者の意見を聞いて決めるのが民主的司法のあり方だろう。
[22] 単に「認められる」でもよいかもしれないが、「認める」ということは「合理的な疑いを超えて立証された」ことであるということを、繰り返して裁判員に認識させることが必要である。

ち後の方＝「その被害を与えた、つまり痴漢行為をしたのはこの被告人である」
　について、この法廷で取り調べた証拠から判断して「合理的な疑いを超える証明」があったと言えるかについてお考えを伺います。
　（同じように意見を聞く）

《評決》
　では、みなさんのご意見も大体出そろったと思いますので。起訴状第一事実のうち第一のポイントについての「評決」に入らせていただきます。
　「評決」の途中でも、さっき申しました判断の仕方で、わからないことや、忘れられたことがありましたら、遠慮なく、何度でも尋ねてください。
　評決のやり方ですが、さきほど言いましたいくつかの方法がありますがどういたしましょうか[23]。
　（裁判員からとくに意見がないときは、裁判官同士で合議した上で、上記いずれかの方法による評決）

《評決の結果確認》
　では、評決の結果を確認させていただきます。
　「その痴漢行為をしたのは、被告人である（であるとは認められない）」ことは合理的な疑いを越えて立証された（されなかった）。これでよろしいですか？

☞「その痴漢行為をしたのは、被告人であるとは認められない」との評決だった場合
《起訴状第一事実についての事実認定の確認》
　そうしますと「被害者が被害に遭った事実は認められるが、被告人がその行為をしたとは認められない」ということは、被告人が起訴状第一事実の痴漢行為をしたことは合理的な疑いを超えて立証された（されなかった）という結論になります。これでよろしいですね。

---

[23] 第1のポイントでその意見を聞いているので同じでよいという考え方もあるが、判断事項が違えば、評決の仕方を変えたほうがよいという意見もありうるので、再度尋ねるほうがよいだろう。

❻ 起訴状第一事実の無罪判決の確認

　そうしますと、被告人は、起訴状第一事実の痴漢事件については無罪であるという判決をすることになります。
　これでよろしいでしょうか？
　では「被告人は、起訴状第一事実の痴漢事件については無罪」という評決を確認させていただきます。

☞「その痴漢行為をしたのは、被告人であると認められる」との評決だった場合＝被告人が起訴状第一事実の痴漢行為をしたことが立証されたとの評決に至った場合

❼ 起訴状第一事実の有罪判決の確認

　そうしますと、被告人は、起訴状第一事実の痴漢事件については有罪であるという判決をすることになります。
　これでよろしいでしょうか？
　では「被告人は、起訴状第一事実の痴漢事件については有罪」という評決を確認させていただきます。

❽ 訴状第二事実＝甲府警察署の警察官に対する公務執行妨害事件についての説示

　では次に、起訴状第二事実＝公務執行妨害の事実についての評議・評決に移らせていただきます。
　先ほどと同じように、検察官の起訴状第二事実について、具体的に判断していただくポイントをご説明します。
　起訴状第二事実についての「要証事実」つまり、検察官が証拠によって証明しなければならない事実＝みなさんに、この法廷で証拠調べした証拠だけによって、あったと認められるかかどうか、を判断していただく事実は、「起訴状に書かれている日時に、被告人が、『押しのける』という暴行によって、甲府警察署の吉沢明ほか2名の警察官が、警察官として、行っていた職務を妨

害したという事実」ということになります。
　ここで難しいのは「公務執行妨害事件」という事件の性格からして、さきほどの第一事実のように一つの事実があったかどうか、という判断だけでは足りず、次のようないくつかの判断を重ねていただかなければならないので、はじめにご説明します。
　少し複雑になりますので、おわかりにならない点がありましたら、私の話の途中でも遠慮なく「それはどういう意味ですか？」などと質問を挟んでくださって結構です。

❾ 公務執行妨害罪の2つの要件についての説示

　公務執行妨害罪が成立するためには、大きく2つの事実があったと認められなければなりません。
　第1に「公務員が職務を執行するにあたって」事件が起こったこと、
　第2に、その事件とは「被告人が、暴行か脅迫を加えた」ということです。
　やりやすいように、まず、簡単に済む第2の事実から考えていただきましょう。というのは、もしみなさんが、この被告人の「暴行か脅迫を加えた」という行為が、あったとは証明されなかったと、判断された場合は、より複雑な第一の事実について判断していただく必要がなくなるからです。

❿ 起訴状第二事実中「被告人が、暴行か脅迫を加えたか」についての評議

　起訴状第二事実で、検察官が証拠によって立証しなければならない「暴行若しくは脅迫」とは、被告人が吉沢巡査部長に対してした「押しのける」行為です。
　この行為について、この法廷で取り調べた証拠から判断して「合理的な疑いを超える証明」があったと言えるかについてお考えを伺いましょう。
　（前と同様に評議する）

⓫ 起訴状第二事実中「被告人が、暴行か脅迫を加えたか」についての「評決」

では、みなさんのご意見も大体出そろったと思いますので、起訴状第二事実のうち「被告人が警察官を押しのける」行為をしたかについての「評決」に入らせていただきます。「評決」の途中でも、さっき申しました判断の仕方で、わからないことや、忘れられたことがありましたら、遠慮なく、何度でも尋ねてください。

評決のやり方ですが、先ほどと同じようにお一人ずつ、口頭で意見を言っていただく方法もありますし、無記名投票も考えられます。あるいは、その両方を組み合わせて、何度かやってみるということも考えられます。みなさんのご意見はどうでしょうか。

（上記いずれかの方法による評決）

⓬ 起訴状第二事実中「被告人が、暴行か脅迫を加えたか」の「評決」の確認

では、評決の結果を確認させていただきます。

「被告人は、起訴状第二事実の実力行使（暴行か脅迫）をした」ことは合理的な疑いを越えて立証された（されなかった）。これでよろしいですね。

☞被告人が起訴状第二事実の実力行使（暴行か脅迫）をしたことが立証されなかったとの評決に至つた場合

⓭ 第二事実無罪判決の確認

そうしますと、被告人は、起訴状第二事実の公務執行妨害については無罪であるという判決をすることになります。

これでよろしいでしょうか？

では「被告人は、起訴状第二事実の公務執行妨害については無罪」という評決を確認させていただきます。

☞ 被告人が起訴状第一、第二事実とも無罪であるという評決であった場合
　→❷に進む
☞ 被告人が起訴状第二事実の実力行使（暴行か脅迫）をしたことが立証されたとの評決に至った場合

❹ 公務執行妨害罪の２つの要件中「公務員が職務を執行するにあたって」についての説示

　では公務執行妨害罪について判断する第一のポイントに戻って「公務員が職務を執行するにあたって」について、評議に入っていただくのですが、その前に、これについて、この被告人Aに対して起訴されている事件に関係のあるところを[24]もう少し詳しくご説明しましょう。

　平たく言えば、被告人が吉沢巡査部長に対し「押しのける」行為をしたそのときに、吉沢ほか２名の警察官たちは何をしていた、あるいはしようとしていたのか、それは「公務員としてそのときするべき職務」だったか、ということです。

　この事件では、甲府警察署の吉沢明ほか２名の警察官が公務員であることは、検察側、被告・弁護側に争いはありません。ですからみなさんは、彼らが公務員であったと考えてください。

　争いがあるのは以下の点です。

　①まず、「職務を執行するにあたって」という言葉の意味ですが、「職務をしているとき」のほかに「今取りかかろうとしているとき」も含まれているのです[25]。

---

[24]「関係のあるところ」かどうかを裁判長（あるいは事前の合議による裁判体）の見解で決めてしまってよいのかも、問題なしとしない。しかし、吉沢らの行為が、公務執行妨害罪の成立要件としての「職務の適法性」についての、一般的、抽象的職務権限内であることは当事者間に争いがないと見られ、具体的職務権限内であるかどうかは、厳密に言えば３人の警察官のうち本件の取調べをする権限がない者もいたのであり、この点が争われれば論点としなければならない。ただ本件では争われていないこともあり、多くの論点をすべて説明することは、裁判員の理解を混乱させる危惧のほうが大きいのではないかと判断して、当該事件で争点になるものだけを説明することとしている。こうした問題は、具体的事件では常に起こっているのであり、英米法系の国で説示内容を裁判所と両当事者の協議で決める必要性はここにもある。

[25] 判例・通説ではあるが、法律の規定ではないことをこう言い切ってよいのか問題なしとしないが「判例では」などの説明も煩雑になり判断に迷うところだ。

ここでみなさんに判断していただくのは、甲府署での起訴状第二事実の事件が起こったとき、この3名の警察官が何か職務をしていたか、あるいは取り掛かろうとしていたか、そしてそれは何だったのか、です。
　②次にその「職務」は、「適法な職務」だったか、が問題になります。「適法な職務」だったことが、公務執行妨害罪が成立するための条件だと言われているからです[26]。
　このうち①についてですが、検察官は、冒頭陳述で、3名の警察官は「Aを取調べようとしていた」と主張しています。取調べは、形式的には刑事課員であるこの3名の警察官がすることができる職務です。
　しかしこれに対して、弁護人はこう主張しています。
　「その時Aは調書に署名・捺印したあとで、Aに対する取調べはもう終わっていた。またもし吉沢らが、まだこれから取調べをしようとしていたとしても、被疑者の取調べは『任意捜査』なので、Aはそのとき、逮捕されていないのだから[27]、いつでも取調をやめて帰る自由がある[28]。だから帰ろうとするAの前に立ちはだかって、Aが帰るのを妨害した警察官の行為は、適法な職務ではない」。
　被告人が警察官を押しのける行為をしたとき、被告人に対する取調べはもう終わっていた、そして被告人はそのとき、逮捕されていなかった、ということが事実であったとしたら、警察官の行為は、適法な職務ではありません。
　そこで問題はまず、この時点で、Aは逮捕されていたのかどうかということから考えなくてはなりません。
　検察官はAは「私人による現行犯逮捕」つまり、駅員によって痴漢の現行犯人として逮捕されて、警察官の吉沢明に引き渡された、と主張しています。
　一方の弁護側は、被告人は逮捕されていない、駅で警察官に「とにかくこ

---

[26] 通説。判例として、大判昭7・3・24刑集11巻296頁、大阪高判昭28・10・1高刑集6巻11号1497頁、大阪高判昭32・7・22高刑集10巻6号521頁、東京高判昭33・7・28刑裁特報5巻9号370頁など。いわゆる適法性の判断基準としての「主観説」「客観説」等についても設例では問題にならないところから触れないことにしている。
[27] 緊急逮捕につき、被疑事実の要旨も逮捕する旨も告げなかった場合は公務執行妨害罪の保護に値しない（大阪地判平3・3・7判タイムズ771号278頁）。逮捕状による逮捕につき、逮捕状が出ている旨を告げただけで被疑事実の要旨を告げなかった場合は違法（東京高判昭34・4・30高刑集12巻5号473頁）。
[28] 取調室滞留義務などの論点は、少なくとも本件では必要ない。刑訴法198条但書。

こでは人目もあるから、署に行って話してくれ」と言われて、警察官と一緒にパトカーに乗って行っただけだ。手錠をかけられたことがないことでもわかるように、法律的には「任意同行」で、その後も、最後に「公務執行妨害で逮捕する」と言われて手錠を掛けられるまでは、逮捕されてはいなかった、と主張しています。

　そこで、当時の事実関係から、被告人が逮捕されていたと言えるのかどうかを、判断していただくのですが、まず、駅でAに手錠を掛けなかったことは、だから逮捕しなかったのだとは必ずしもいえません。

　ただ「逮捕」のような強制的な性格をもつ「職務」が「適法」であるためには、「法律上の重要な条件・方式を履践している」ことが必要だとされています。難しい言葉ですが「その人を逮捕してよい条件」と「逮捕のやり方」が法律で決められていて、それをきちんと守っていなければ「適法な職務」だとは認められない、という意味です。

　まず、Aに「逮捕してよい条件」があったかは、多少問題ですが[29]、弁護人も争っていないようですから、一応あったとしましょう。

　弁護側が争っているのは「逮捕のやり方」で、もし駅員がAを現行犯逮捕したと仮定しても、駅員からAの引渡しを受けた吉沢さんは、警察官としての階級は巡査部長ですから、手続の上では「司法警察員」という立場になり、「逮捕された被疑者」であるAに「直ちに」「被疑事実の要旨」を（つまりどういうことであなたは逮捕されたのだということを要約して）告げ、また「あなたは弁護士を頼めます」ということを告げなければなりません。

　そういう法律上の手続を踏んでいないのだから、被告人は法律上逮捕されている状態ではなかった、と弁護人は主張しているのです。

　整理しますと、検察官は、吉沢ら警察官は、被告人の取調べをしていた、あるいは続けようとしていたのだから、被告人の「押しのける」行為は「職務を執行するにあたって」起こった、と主張している。一方弁護人は、被告人は逮捕されていないのだから何時でも帰ることができる。また取調べはもう終わっ

---

[29] 刑訴法217条の限定は受けないとしても逮捕の必要があるかどうかは、意見が分かれるところである。

4. 結審後の評議・評決に向けての説示　117

ていて、被告人は理由もなく待たされていただけなので吉沢らの、帰ろうとする被告人を実力で押しとどめる行為は違法行為であって公務員の職務行為ではない、と主張しています。

ご説明はわかっていただけましたか？

何かご質問がありますか？　どんなことでも疑問がありましたらおっしゃってください。

（質問を受ける）

⑮ 公務執行妨害罪の2つの要件中「公務員の職務執行」と言えるかについての評議

では、評議していただきましょう。みなさんには、検察官が公務執行妨害事件が起こったと主張するそのとき

①Aが正しい「逮捕のやり方」を踏んで逮捕されていたかどうか、

②3人の警察官は、公務員のするべき職務行為として取調をしていた、あるいはこれからするところだったのか、

をまず判断していただき、それを前提に

③そうだとしたら、それをことわって帰ろうとするAを押しとどめた警察官の行為、具体的には「出て行こうとするAの前に立ちはだかる」行為は「適法な職務」だったかどうか、について、意見を言っていただきたいのです。

（前と同様に評議する）

⑯ 公務執行妨害罪の2つの要件中「適法な職務執行」と言えるかについての評決

それでは、「被告人が警察官を『押しのける』行為をしたとき、吉沢らがした『出て行こうとするAの前に立ちはだかる』行為は、『適法な公務員の職務執行』といえるか」の評決に移りたいと思います。

（上記いずれかの方法による評決）

⑰ 公務執行妨害罪の2つの要件中「公務員の職務執行」と言えるかについての評決の確認

では、評決の結果を確認させていただきます。

「被告人が警察官を『押しのける』行為をしたとき、吉沢らがしていたのは、『適法な公務員の職務執行』と言える（言えない）」。これでよろしいですね。

☞吉沢ら警察官の行為は『適法な公務員の職務執行』と言えるという評決だった場合

⑱ 第二事実有罪認定の確認

ということは、被告人がした警察官らを「押しのける」行為は、は公務執行妨害行為にあたり、起訴状第二事実について有罪ということになります。

それで確認させていただいてよろしいでしょうか。

☞「適法な公務員の職務執行」と言えない、という評決だった場合

⑲ 被告人の行為は「正当防衛」にあたるかについての説示

[正当防衛]

ただ今、私たちの評決は「被告人が警察官を『押しのける』行為をしたとき、吉沢らがしていた『Aの前に立ちはだかる』行為は、『適法な公務員の職務執行』とは言えない」ということになりました。それなのに被告人の前に立ちはだかって帰宅を邪魔する行為は、被告人に対する「不正な侵害」ということになります[30]。

みなさんは「正当防衛」という言葉を耳にされたことがあるのではないかと思いますが、人は自分に向けられた「不正な侵害行為」に対して自力でそれを排除する権利があります。

---

30) 適法な職務行為ではないとの認定受けた行為がすべて「不正な侵害」にあたるのではなく、厳密に言えば、「では不正な侵害か」と評議するべきだが、あまりにも論点が多いと裁判員には煩雑になりすぎるので、ここは「不正な行為」を前提とした。両当事者の意見を入れて説示を確定するならば、こうなるかどうかはわからない。

ただ、法律では「正当防衛」が成立するためには、もう一つ、その「不正行為」が「急迫」であり、被告人の行為が、「権利を防衛するため、やむを得ずにした行為」になるという条件が必要です。平たく言えば、そのとき急いで、またそのような内容の反撃をすることがやむをえないことだったかどうか、だと考えていただいていいでしょう。
　この「やむを得ずにした行為」とは、必ずしも、その防衛行為が唯一の方法であることまでは要求されないし、また自分が受けた被害と、相手に与えた被害が同じ程度であることも要求されないのですが、要は、社会通念として「相当なもの」と考えられる程度ならばいい、普通の社会的な感覚で、その程度は許されるということです。
　この事件では、吉沢らがした「Aの前に立ちはだかる」行為に対して、被告人がした警察官を「押しのける」行為が、「自由に帰ることができる権利」を行使する形として、社会通念上「相当なもの」の範囲か、ということで判断していただけばいいと思います。

［過剰防衛］
　もし被告人の行為が社会的に「相当な」範囲をオーバーした場合にはどうなるかなのですが、法律では、もし、防衛行為がその範囲を越えると、越えた部分は「過剰防衛」と言って、この場合は被告人の行為は「暴行罪」ということになるのですが、「情状によりその刑を減軽し、又は免除することができる」と決められています。
　この事件で言えば、もし、Aの反応が過剰だったとしても、警察官の適法でない実力行使を受けて、驚きや恐怖、ろうばい、などから必要以上の排除行為をしてしまった、というような事情が認められれば、普通の暴行罪よりも「刑を軽くしたり、刑を受けることを免除することができる」のです。

［被告人の正当防衛成立についての立証責任は検察官にある］
　その判断をしていただくについてもう一つ説明しておかなければなりません。
　被告人の正当防衛の主張は、被告・弁護側の主張ですが、立証責任は、被告側にはないのです。被告・弁護側は、その主張だけをすれば、立証はしなくてよいのです。

開廷にあたって、またこの評議に入るときに、最初に「事実の認定」についての一般的ルールのところで申し上げたように、犯罪の立証責任は検察側にあります。
　ですから、検察官は、被告人が正当防衛などではなく、犯罪としての公務執行妨害の行為をしたのだということを立証しなければなりません。もし、それが「合理的な疑いを容れない程度」まで立証されていないと思われたら、正当防衛が成立したものと判断していただくわけです。
　何かご質問がありますか？　どんなことでも疑問がありましたらおっしゃってください。
　（質問を受ける）

⑳　起訴状第二事実のうち「正当防衛」についての「評議」

　では「評議」に入らせていただきます。
　整理しますと、私たちは、この前の評決で「被告人が警察官を『押しのける』行為をしたとき、吉沢らがしていた『Aの前に立ちはだかる』行為は、『適法な公務員の職務執行』とは言えない」つまり不正行為だった、という結論になっていますので、では、それに対してした被告人の行為は「正当防衛」に当たるか、あるいは「過剰防衛」なのかを判断していただくわけです。
　それでは評議していただきましょう。
　被告人の行為は「正当防衛」だったでしょうか、あるいは「過剰防衛」だったでしょうか。ご意見をうかがいます。
　（前と同様に評議する）

㉑　起訴状第二事実のうち「正当防衛」「過剰防衛」についての「評決」

　では、みなさんのご意見も大体出そろったと思いますので「評決」に入らせていただきます。
　被告人の行為は「正当防衛」で無罪だったでしょうか、あるいは「過剰防衛」で有罪だが刑を軽くする場合に当たるでしょうか。

（上記いずれかの方法による評決）

☞被告人の行為は「正当防衛」で無罪だとの評決だった場合

㉒ 起訴状第二事実無罪判決の確認

　そうしますと、被告人は、起訴状第二事実の公務執行妨害については無罪であるという判決をすることになります。
　これでよろしいでしょうか？
　では「被告人は、起訴状第二事実の公務執行妨害については無罪」という評決を確認させていただきます。
　（それまでに第一事実も無罪との評決が出ていれば㉔に、第一事実は有罪との評決が出ていれば㉖へ進む）

☞被告人の行為は「過剰防衛」で有罪だが刑を軽くする場合に当たるとの評決だった場合

㉓ 「過剰防衛」成立の確認

　では、被告人は、起訴状第二事実（暴行罪に変ります）については有罪だが、「過剰防衛」で刑を軽くするという判決をすることになります。
　これでよろしいでしょうか？
　では「被告人は、起訴状第二事実（暴行罪に変ります）については有罪だが、『過剰防衛』で刑を軽減する」という評決を確認させていただきます。

《事実認定終了》
　以上でこの事件についての２つの起訴事実についての事実認定に関する「評決」をすべて終わらせていただきました。

㉔ 事実認定についての評決の結果が「第一、第二事実とも無罪」だった場合の判決内容の確認

　そこで、この評決に基づいて被告人に言い渡す判決の内容を確認させてい

ただきます。

「被告人は無罪」

これで間違いないでしょうか。

ではこれで、この事件の評議・評決を終わらせていただきます。長時間ごくろうさまでした。

☞事実認定についての評決の結果が「第一、第二事実とも有罪」あるいは「どちらかについて有罪」だった場合

《量刑についての評議・評決》31)

評決の結果は「第一、第二事実とも有罪」(「第一事実のみ有罪」「第二事実のみ有罪」)これでよろしいでしょうか。

では、この評決に基づいて被告人に言い渡す量刑についての評議・評決に入りたいと思います。

㉕ 量刑についての一般的説示

[量刑とは何か]

はじめに「量刑」とは何かを簡単にご説明します。

「量刑」というのは、ある犯罪について有罪と認定された人が、受ける刑を決めることです。

それについてはまず、何のために刑を決めるかを大まかにご説明しなければなりません。いろいろな考え方があるのですが、刑罰は、犯罪をした人に対して、国家が加える「応報」であると同時に「こういうことをするとこういう刑罰を受ける」ということを社会に報せて犯罪を予防する目的、また、犯罪を犯した本人を改善・更生させて、その人が二度と罪を犯さないようにする、という目的で刑を決めている、と考えてよいと思います。これからみなさんに、被

---

31) 模擬裁判で事実認定の評決が4通り予測されるので、「一般的説示」を別にして、認定ごとの4通りの説示を作った。紙数の関係で、重複する部分は「同文」としたが、模擬裁判実施時には、裁判長役が間違えるといけないので、すべて重ねて文章化したものを用いた。裁判員裁判が実施された場合、裁判官達がすべての事件で、これだけの内容を誤りなく裁判員に伝えられるのか危惧される。事件ごとに両当事者と協議して確定した内容での説示の文章化は、その意味でもぜひ必要である。

告人に科する刑を具体的に決めていただくときに、そのように考えて決めていただくことになります。

［法定刑］
　今申しました「応報」という言葉ですが、辞書で引くと「したことに対する報い」などと書いてあり、昔は犯罪者が犯した悪事に応じた懲らしめを受けるのだと考えられたのですが、現在は「犯した犯罪の重大さと、改善・更生のために受ける刑罰との釣り合い」程度に考えられています[32]。
　その釣り合いの枠を決めているのが「法定刑」と言いまして、犯罪ごとに最大限と最小限が法律で決められています。

［減刑］
　ただ、犯罪を犯したときの事情や、被告人の事情で、「酌量減刑」と言って、法定刑の枠を最大限も最小限も半分にすることがあり、この事件でもできます。この事件ではまた、さきほどご説明した「過剰防衛」で減刑することもできます。

［執行猶予］
　「執行猶予」についてご説明します。
　懲役又は禁固3年以下、罰金刑なら50万円以下の刑を言い渡すときには、判決が確定した日から1年以上5年以下の間でみなさんに選んでいただく期間を決めて、もしその期間内に犯罪を犯すことがなければ、この刑の言い渡しが効力を失い、つまり被告人はその期間を無事に終わると、刑を受けないですむ、という制度です。
　なぜこういう制度があるかと言いますと、特に被告人が刑務所に行くことになりますと、職を失い、場合によっては家族との関係が壊れてしまうなどの大きな害が考えられます。
　被告人には、今回やったことが刑罰に値する犯罪だったことを自覚させたうえで、二度と犯罪をしないよう更生の道を歩む可能性を与える、というの

---

[32] 刑罰の本質を短く説明するのは難しいが、量刑相場だけを示して刑を決めるのでは、司法を国民のものに、という市民参加の目的にも反する。

が制度の目的です。
　被告人の置かれた立場や反省の度合いを考えて「執行猶予」をつけるかどうか、もみなさんに決めていただきたいことです。

［検察官の求刑意見］
　先ほど、「結審」の前に、検察官が「求刑」としてこの被告人に言い渡してほしい刑を言いました（また弁護人も刑についての意見を言いました）が、これは検察官の主張ですから、私たちはそれを参考にしてもよいが、それに拘束されるものではありません。以下のようにして刑を決めることになっています。

［量刑についての「評議」・「評決」のやりかたについての説明］
　それをご一緒に考えて決める、量刑についての評議・評決のやり方についてご説明します。
　はじめに、私の方から、みなさんとご一緒に評決した事実認定の内容に従って法律で決められている「法定刑」と「処断刑」と言いまして、減刑したり、犯罪が2つ以上になった場合の計算方法などが法律で決められていますので、その範囲で実際の刑を選ぶ枠をお話します。

［評議の方法］
　その刑の種類と枠の中で、みなさんに、実際にこの事件で被告人に言い渡す刑を選んでいただくのですが、それを選ぶについては、具体的なこの事件での被告人の犯罪行為の重さ、軽さ（ここには被告人の犯行が社会や被害者に与えた影響などが含まれます）、被告人の年齢や境遇、犯罪後の被告人の行いなどを考えて決めていただくことになります。
　そこで評議の方法ですが、これまで申し上げたこれらの点を、一つ一つ評議して、評決していく方法もありますが、これらの点は、相互に関係しあっていて、切り離して考えるよりは、みなさんに、この事件ではどんなことを考慮して、だからどんな刑を言い渡すのがよいかを、総合してお考えいただいて、その結果のご意見を言っていただき、話し合うという形で「評議」をしていただいてはどうかと思います。
　それでよろしいでしょうか。ほかのお考えがあれば伺います。

（考えを聞く）

では、一応それで進めさせていただきます。

［評決の方法］

みなさんのご意見が、全員で同じ結論になればそれでよろしいのですが、もしご意見が分かれて、これ以上話し合っても一致しないときは、過半数（ここでの過半数は、はじめに言いましたように、最低一名の裁判官を含んでの過半数です）になれば、その刑で、評決になります。

話し合っても過半数にはならないという場合には、以下のようにして決めることに法律で決まっています[33]。

まず、みなさんのお考えのうち、被告人に一番不利な意見を、次に不利な意見と足し算します。それでも過半数にならなければ、さらにその次に不利な意見と足し算します。このようにして過半数以上になったところで、最期に足し算されたご意見、つまりその中では被告人に一番有利な刑で、評決があったこととして刑が決まります。

何か、ご質問がありますか。ありましたらどんなことでもご遠慮なく聞いてください。

（質問を受ける）

㉖ 第一事実のみ有罪の評決だった場合の量刑についての説示と評議・評決

先ほどの事実認定についての評決で、被告人は、起訴状第一事実＝山梨県「公衆に著しく迷惑をかける暴力的不良行為等の防止に関する条例」2条2項違反の事実についてだけ有罪であるという評決になりました。

そこでこの事実についての量刑の評議に移りたいと思います。

起訴状第一事実の条例2条2項違反に対する「法定刑」は、この条例の10条で決められていまして、「10万円以下の罰金又は拘留若しくは科料に処す」となっています。

---

[33] 裁判員法67条2項。

ということは、次の3つの中から、刑を選んでいただく、ということです。
　①　10万円から1万円の範囲の罰金（刑を軽くする時には1円まで下げることができます）
　②　30日から1日の範囲の拘留（受刑者を拘留場に入れておく刑です）
　③　1万円から1000円の範囲の科料（罰金よりも軽い金銭上の刑罰という意味です）

［処断刑］
　これに先ほど申した「酌量減刑」をしますと
　①　罰金を選ぶと5万円から1円
　②　拘留を選ぶと15日から1日
　③　科料としてなら5000円から1000円
の間で選んでいただくことになります。
　また、罰金を選んだ場合は「執行猶予」をつけることができます。
　では先ほど言いましたように、みなさんからご意見をうかがって被告人に言い渡す刑を決めたいと思います。
　これらのすべてを考えて、3種類の刑のうちどの刑を科するべきだと思うか、その刑の決められて幅の中で、いくら、あるいは何日が適当だと思うか、そして執行猶予をつけるか、つけないかを、まず自由に言っていただきたいと思います。
　あるいは、まず、無記名投票で書いていただき、それをもとに評議するほうがよろしいでしょうか？
　（口頭の場合には）ではまずNさんご意見を。
　（無記名投票の場合には開票後）ではまずNさんご意見を。
　（評決を行う）

㉗　第一事実のみ有罪判決の量刑、判決の確認

　では、ただ今の評決の結果、被告人への量刑は、―――という判決をすることになります。
　これでよろしいでしょうか？

では「被告人を、————に処す」。

（執行猶予がつく場合は）

ただし、この判決確定の日から○年間、この刑の執行を猶予する」という判決を確認させていただきます。

㉘ 第二事実のみ有罪の評決だった場合の量刑についての評議・評決

　先ほどの事実認定についての評決で、被告人は、起訴状第二事実の公務執行妨害事件の事実についてのみ有罪であるという評決になりました。

　そこでこの事実についての量刑の評議に移りたいと思います。

　公務執行妨害罪に対する「法定刑」は、「3年以下の懲役若しくは禁固又は50万円以下の罰金」となっています。

　「懲役」というのは、被告人を刑務所に入れて、刑務作業という労働をさせる、という内容の刑で、「禁固」というのはその労働をさせないで拘禁だけするという刑です。

　「3年以下」というのは「1ヶ月以上3年までの範囲」という意味です。

☞**先の事実認定の評決で、過剰防衛と評決された場合のみ**
［法定刑］

　先ほどの評決で、帰ろうとする被告人の前に立ちはだかって実力で被告人を帰らせないようにした警察官吉沢らの行為は正当な公務ではないが、被告人がその警官を押しのけた行為は、正当防衛の範囲を越えていると認定されました。被告人のした行為が「正当防衛」でないとすると「暴行」という犯罪になります。

　普通の場合の暴行について決められた刑は
① 　2年以下の懲役
② 　30万円以下の罰金
③ 　拘留（30日から1日）
④ 　科料（1000円以上1万円未満）
のうちのどれかということになっています。

[過剰防衛による処断刑]

しかし先ほどの評決で被告人は「過剰防衛」で有罪だが刑を軽くする場合に当たるという結論になっていました。この場合には懲役・禁固・罰金では刑期の重い方も軽い方も、拘留などでは重い方だけを2分の1に修正した上で、その範囲でこの被告人に言い渡す刑を決めていただくことになります。

減軽しますと
① 懲役を選ぶと15日から1年まで
② 罰金を選ぶと1円から15万円まで
③ 拘留を選ぶと1日から15日まで
④ 科料を選ぶと1000円以上5000円未満

の間で選んでいただくことになります。

また、「酌量減軽」もすることができます。「酌量減軽」だけをする場合には減刑したあとの刑の範囲は、過剰防衛での減刑と同じです。

過剰防衛、と酌量減軽を両方することもでき、その場合は、
① 懲役を選ぶと7日から6ヶ月まで
② 罰金を選ぶと1円から7万5000円まで
③ 拘留を選ぶと1日から7日まで
④ 科料を選ぶと1000円以上2500円未満

の範囲で選んでいただくことになります。

また、この事件で刑罰として「懲役、罰金」のどちらを選んでも、「執行猶予」をつけることができます。

執行猶予はこの裁判が確定した日から1年以上5年以下の間で、みなさんに選んでいただく期間で決めていただくことになります。

（評議・評決、評決結果量刑確認の方法は㉗に同じ）

㉙ 第一、第二、両事実とも有罪だった場合の量刑についての説示と評議・評決

先ほどの事実認定についての評議で、被告人は、起訴状第一事実＝山梨県「公衆に著しく迷惑をかける暴力的不良行為等の防止に関する条例」2条2

項違反事件についても、起訴状第二事実の公務執行妨害罪事件についても、ともに有罪であるという評決になりました。

そこでこの２つの事実についての量刑の評議に移りたいと思います。

［法定刑］

２つの犯罪について法律で決められている刑の種類と幅についてご説明します。これを「法定刑」と言います。

起訴状第一事実の条例違反の「法定刑」は……（㉖に同じ）

起訴状第二事実の公務執行妨害罪に対する「法定刑」は……（㉘に同じ）

［処断刑］

被告人は２つの犯罪を犯したと評決されましたので、併合罪と言いまして、刑の計算の仕方が法律で決められていまして、この事件では、今申し上げた、２つの犯罪に対する刑を全部プラスした範囲から言い渡す刑を選ぶことになります。

つまりまず、３年から１ヶ月の懲役又は禁固に、60万円から１万円までの罰金、30日から１日の拘留、１万円から1000円の間の科料どれかをプラスした範囲から刑を選ぶのですが、その上で、減刑することができます。

（先の事実認定の評決で、過剰防衛と評決された場合の減刑、酌量減刑、執行猶予については㉖に同じ）

（評議・評決、評決結果量刑確認の方法は㉗に同じ）

㉚ 最終の挨拶

ではこれで、みなさんのこの事件の裁判員としての評議・評決のお仕事はすべて終わりました。

長い間ご苦労様でした。では被告人に判決を言い渡しますので、法廷で立ち会ってください。

第7章 説示事例集2：コンビニでの万引き事件

1. 事例の概要（事例設定）

　山梨学院大学法学部4年生のAは、2006年6月14日午後5時過ぎごろ、甲府市酒折のコンビニエンスストアー、デイリーヤマナシの店の中で、店内で販売するために置かれていた道路地図一冊を盗んだとして逮捕され、起訴された。
　接見した国選弁護人Lに対して、Aは次のように訴えた。

　――僕は万引きなんかしてませんよ。あの日午後4時ごろ、下宿を出て、友達と会って、バイトを紹介してもらう約束で、6時に待ち合わせしていた大学に向かいました。学校へはいつも、甲府駅から電車で行くのですが、まだ時間があったので、駅に行く途中、本屋三省堂で、立ち読みをして時間をつぶし、ついでに前から買おうと思っていた「でか字関東道路地図」を買いました。
　酒折の駅で降りて、大学に向かいましたが、それでもまだ早かったので、学校の隣のコンビニエンスストアー、デイリーヤマナシで時間をつぶそうと、店の中に入りました。
　雑誌類を売っている棚のところに行って、立ち読みしました。
　6時10分前になったので、待ち合わせ場所に行こうとして店を出ると「レジをすませてない物を持ってますね」と声を掛けられました。その人はあとで店長だとわかりました。
　「なんにも買ってませんよ」と言うと、いきなり腕を掴まれて、「万引きしたな」と言われ、三省堂で買った「でか字関東道路地図」を脇にはさんでいたんですが、取り上げられました。僕が「万引きなんかしないよ。これは甲府駅の近くの三省堂で買ったんだ」と言っても信用しないで、「さっきこの『でか字関東道路地図』は3冊あったんだ。それが2冊しかないじゃないか、あんたが盗んだんだ」と決めつけるので、腹が立ってけんかみたいになりました。

店長は興奮してケイタイで110番して「悪質な万引きです。すぐ来てください」なんて言って、しばらくすると、パトカーで警察官が来ました。
　そのころには、もう友達と待ち合わせの時間が来てしまっていたのですが、警察官さんに、万引きなんかしていないとわかってもらおうと思って、「三省堂で買ったんだ」って話をしたのですが、警察官は「じゃ三省堂のレシート出してみろ」って言った。僕はレシートなんかいらないから、いつもいらないといって受け取らないんです。そう言っても嘘だととられみたいで、「詳しいことは警察へ行って聞くから」とか言って僕にパトカーに乗れと言います。僕は「友達と6時に学校で待ち合わせしてるんだから、いけないすよ」と断りました。
　すると店長が「こいつは逃げる気ですよ、うちはしょっちゅう万引きされてるんだ。お前がしてるんだろう。それがばれると思って逃げるんだな。お巡りさん逮捕してください」なんてそばから口を出したので、僕は腹が立って「ウソつくな。この野郎」とかどなってしまいました。
　言い合いをしているうちにどんどん時間が過ぎてしまうと気が気でなくて時計を見ると約束の6時を30分も過ぎていました。バイト先には6時半に連れて行ってもらう約束だったので、「やばい」と思って、「6時半にバイトにいかなきゃなんないから、もう行きますよ」って言って走り出しました。
　そうすると警察官と店長が追っかけてきて、警察官が「逃げる気だな、こいつ」と言って僕を倒して手錠をかけました。警察官は僕を無理にパトカーに乗せて甲府警察へ連れて行きました。
　パトカーにはもう一人の警察官がいて運転して、僕に手錠をかけた警察官は僕のとなりに座って、手錠から廻したロープで僕を縛ったのを持っていました。僕は腹が立って「どうしてこういうことをするんだよ。あんたは警察官なら何にもしてない人間を逮捕したりするはずないだろ。お前はニセお巡りだろう」とかさんざん悪口を言いました。警察官は怒って、「このガキ！　おれにそういうこと言って、あとでどうなるかよく覚えとけよ」とか言って、僕を小突いたりしました。
　甲府署に着いたら、指紋と写真を撮られて、取調室っていうんですか狭い部屋に入れられて、「万引きやったろう、正直に言わないと裁判にして、懲役にしてやるから」とかさんざん言われて、今日は家に帰れないとまで言われたので、怖くなって「やりました」と言ってしまいました。

そう言えば帰らせてもらえると思ったから嘘だけど言ったんです。

そうすると「じゃ調書に取るから」って言われて「今日午後5時ごろ、デイリーヤマナシの店の中で、店内の棚から『でか字関東道路地図』一冊を盗んだことに間違いありません」なんて警察官が書いた紙にサインさせられて、指にスタンプインキを付けられて、押させられました。これで帰れると思ったら、留置場に入れられて、次の日に検察庁に連れていかれました。検察官は分かってくれるだろうと思ったけど、警察官が悪いんだって言っても、僕の言うことを聞いてくれず、「否認する気か？」って怖い顔して言われたんです。

警察官も、検察官も僕のことを生意気だとか言って怒ってたから、怖かった。

でも、ここでまた警察とおんなじように調書にサインしたらほんとに、犯人になっちゃうんじゃないかと心配になって、「万引きなんかやってない」って言ってました。

そういうことが一週間ぐらい続いた後で、検察官から「認めれば略式で罰金ですむんだ」って言われたけれど、犯人にされちゃうと親が恥をかくだろうと思って、「やってない」って言ってました。最後に検察官から「否認してると起訴するしかないぞ、いいのか」って言われて迷ったけど、泥棒なんかしてないんだからと思って「認めます」とは言わなかったんです。そうすると一週間目に、留置場の看守から「お前起訴されたんだ」って言われました――

（開廷にあたっての説示は事件名のみを変えて第6章3.をそのまま共通に使える）

2. 結審後の評議・評決に向けての説示

1 評議・評決のやり方

裁判長　それではこれから、評議・評決に向けての説示に入ります。

裁判員のみなさんには、私たち裁判官と一緒に、ただ今結審した、被告人Aに対する窃盗被告事件についての判決内容を決めるための「評議」「評決」をしていただきます。

「評議」というのは、裁判員のみなさんと、私たち裁判官が、この事件の被告人が有罪か、無罪か、そしてもし有罪なら、どのような刑を言い渡すのか

を一緒に考えて、意見を交換して相談することで、「評決」というのは、その相談の結果を確認して結論を決めることです。

そのために、どのようなことを、どんなルールでするのかを、まずご説明しておきたいと思います。

「評議」のやり方[1]
［自由で、平等な討議］
　「評議」は、裁判員のみなさんも、裁判官である私たちも、全く同じ資格で、平等に、自由に、意見を言い合う場所です。私たちが裁判官だから、法律の玄人なのだから、と考えて遠慮される必要は全くありませんし、遠慮するのは間違いです。

［素人である市民の意見を］
　素人であるみなさんの意見を裁判に反映するために、このような「裁判員制度」をつくったのですから。みなさんのありのままのご意見が大切なのです。
　みなさんはテレビドラマなどで、裁判員の人が、「裁判官はどう考えるのですか？」とか、
　「まず専門家の意見を聞きたい」とか言うのを見られているかもしれません。でも裁判官が先に意見を言ってしまうのはよくありません。法律について自分は素人だと思っている市民のみなさんが「専門家がそういうのだからそれが正しいのだろう」と考えて、それを前提にして自分の意見を決めてしまうおそれがあるからです。
　法律的な知識が必要なときは、ご説明しますが、その上でしていただく判断は、あくまでも「素人の判断」でよいし、そうするための裁判員制度なのです。
　ですから「評議」では、まず裁判員のみなさんから、そしてなるべく年齢の若い方から、遠慮なく意見を言っていただき、私たちが裁判官は、最後に意見を言うようにいたします。
　どうぞ「こんなことを言っては笑われるのではないか」などと考えないで、み

---

[1] 評議のやり方については裁判員法にも、刑訴法にも規定がないが、民主的な方法でしなければならないことは制度趣旨からして当然である。

なさんが一番親しいお友達同士で議論をし合うときと同じように、何でも思ったことを率直におっしゃってください。
　「評議」はみなさんのご意見が十分に出尽くすまで続けたいと思います。

「評決」のやり方
　みなさんのご意見が十分に出尽くしたら、「評決」に入ります。
「評決」とは、それまでの「評議」の結果を踏まえて、この事件の被告人が有罪か、無罪か、そしてもし有罪なら、どのような刑を言い渡すのかを全員で一緒に結論を出すことです。
　みなさんは外国でやっている「陪審制度」の裁判をドラマなどでご覧になったことがあるかもしれません。「陪審制度」では、多くの国で、全員一致でなければ、被告人を有罪とする結論を出すことができないことになっています。
　そうできればそれが一番いいのですが、そうできなかった場合にどうするのかが問題になります。
　わが国の「裁判員制度」では、裁判員のみなさん6人と、私たち裁判官3人、合計9人の中での多数決で結論を出してよいことになっているのです。ただし、その多数の中には、裁判官が少なくとも1人以上含まれていなければならない、つまり裁判員のみなさん5人のご意見が一致しても、それだけでは結論を出せない、という決まりになっています。
　とはいっても、「評決」は被告人の運命を決める大切な結論です。できるだけ、9人全員の意見が揃っての納得できる結論が出せるような、十分な「評議」をしてから、「評決」したいと思いますので、どうぞお付き合いください。
　そのためには「評決」に入ってからでも、ご意見や疑問を出していただいて結構です。
　前に言われたご意見や結論と違ったことを言っていただいても、かまいません。
　先ほど裁判が始まる前の「開廷前説示」で言いました評議・評決の対象となる3つの点全部についての「評決」が出ますと、その内容がそのまま、この裁判所の「判決」として、被告人に言い渡されます。
　これまでのところで、何かご質問がありますか？　どんなことでも疑問がありましたらおっしゃってください。

(質問を受ける)

2 「評議」

ではこれから「評議」に入ります。

「評議」の対象について（確認）
　裁判が始まる前にご説明しましたように、みなさんと私たち裁判官と一緒に考えて決めていただくことは3つありましたね。
　まず①「事実の認定」、それから②「法令の適用」、最後に③「刑の量定」でした。
　この事件で具体的にどういうことを決めていただくかは、またその都度繰り返してお話しします。

3 公訴事実についての事実認定の評議・評決の方法

「要証事実」についての説示
　評議は、はじめにお話した、裁判員のみなさんと私たちとで評議する、一緒に考えて決めていただく3つのことのうちの1番目の「事実の認定」ということから始めます。
　この事件で検察官が主張している被告人がしたという行為、被告人がその行為をしたのであれば、犯罪にあたり、有罪の判決をすることになる「事実」、これが「検察官が証拠によって証明しなければならない事実」であり、「要証事実」とも言いますが、それが実際にあったのかどうか、を判断していただくのです。

[この事件の要証事実]
　念のために、この事件で、みなさんに、その事実があったと認められるかどうかを判断していただくことをまとめて申し上げておきます。
　「被告人が、2006年6月14日午後5時過ぎごろ、甲府市酒折のコンビニエンスストアー・デイリーヤマナシ酒折店の店の中で、販売するために置かれて

いた『でか字関東道路地図』一冊を盗んだ」という行為、ということになります。よろしいでしょうか。

繰り返します。

「被告人が、2006年6月14日午後5時過ぎごろ、甲府市酒折のコンビニエンスストアー・デイリーヤマナシ酒折店の店の中で、販売するために置かれていた『でか字関東道路地図』一冊を盗んだ」という行為。

これが本当にあったかどうかを判断していただきます。

[「証拠による判断」の確認]

それを判断していただくやり方ですが、ここで、この裁判の審理を始める前に「事実認定についての一般的ルール」として申し上げたことを思い出していただきたいのです[2]。

大切なことなので簡単に繰り返しますので、わかりにくいことがありましたら、どんなことでも質問してください。

みなさんはこの「要証事実」があったかどうかを、この裁判の法廷で、証拠として正式に取調べをした証拠だけによって判断していただかなければなりません。

裁判の始まる前にも申しましたが、みなさんが法廷の外でたまたま聞いたことや、テレビや新聞で報道されたことから判断してはいけないのです。また、この法廷で検察官が「冒頭陳述」や「論告」で述べたこと、弁護人が「冒頭陳述」や「弁論」で述べたことは、検察官や弁護人が「こういうふうに判断してほしい」という意見とか希望を言っているので、その考え方を参考にすることはあっても、それは証拠ではないので、ご注意ください。

[「証拠の証明力」の確認]

みなさんは、この法廷で、証拠調べがされるのを見てこられました。それらの証拠調べがされた証拠だけによって判断していただくのですが、「この法廷で、証拠調べをされた証拠」だからと言って、その証拠がすべて真実だけを

---

[2] 開廷時に説示したことだが、素人が一度聞いて十分に理解することは難しい。最も大切なことなので事実認定の評議・評決に際して確認的に繰り返す。

語っているということはなく、証拠には、人の記憶違いや、思い違い、なかには、意識的な嘘も混じっていることもあるのです。ですから、ある証拠が事実をどの程度正確に証明しているか、ということ、これを証拠の「証明力」と言うのですが、それをどう判断するのかは、みなさん個人の自由な考え方に任されていることも、最初にお話ししましたね。

　法律の言葉では「自由心証主義」と言うのですが、ただ「自由」と言っても、勝手気ままやいい加減でよいということではありません。被告人となっている人の運命を決めることにつながるのですから、みなさんがよく考えた上で、自分なりに責任を持って人に説明することができるだけの判断をしていただきたいのです[3]。

[「合理的な疑いを超える証明」の確認]
　責任のある判断とは、そのような証拠によって、被告人が先ほど確認した「要証事実」をしたかどうかは「合理的な疑いを超える証明」があったかどうか、という刑事裁判独特の基準で判断するのでしたね。これを言い換えると「ふつうの人なら、誰でも疑いをさしはさまない程度の真実らしいという確信」「誰が考えても、そう考えて疑いがない程度」と言われています。

　先ほど確認した「被告人が、2006年6月14日午後5時過ぎごろ、甲府市酒折のコンビニエンスストアー・デイリーヤマナシ酒折店の店の中で、販売するために置かれていた『でか字関東道路地図』一冊を盗んだ」という行為、これが本当にあったのかどうかをそのようにして判断してください。

　もしみなさんが、事実があったかもしれないと疑われるところはあるけれども、でもそういう確信までには行かない、と思われたときは、「犯罪の証明が十分でなかった」ということになり、無罪の判断をしていただくことになります。

　「疑わしきは罰せず」として、すべての刑事事件の被告人が受ける「無罪推定の原則」であるということも、はじめにお話ししたとおりです。

---

[3] 自由心証主義とは、恣意的な判断を許す趣旨ではなく、経験則や倫理則にのっとった合理的な判断でなければならないとは、従来、裁判官の判断について言われてきた——たとえば団藤重光『刑事訴訟法綱要』（創文社、1972年）282〜283頁など——ところだが、実体判断をする裁判員にも同様のことが要求されなければならない。

何かご質問がありますか？　どんなことでも疑問がありましたらおっしゃってください。
　(質問を受ける)

4　公訴事実の事実認定についての評議

　では、これから公訴事実についての「評議」に入らせていただきます。
　「評議」の途中でも、さきほど申しました判断の仕方で、わからないことや、忘れられたことがありましたら、途中でも結構ですから、遠慮なく、何度でも尋ねてください。

［公訴事実の事実認定についての評議の2つのポイント］
　この窃盗事件もそうですが、犯罪事件には、大きく2つのポイントに分けて判断する方が間違いないというものがあります。
　まず第1に、被害者(この事件ではコンビニエンスストアー、デイリーヤマナシ)が被害(万引)にあったか。あるいはもしかして犯罪以外の理由だったかもしれないが問題の品物がなくなっていたという場合もないわけではないので、そういう可能性も含めて考えていただいて結構です。
　第2に、被告人として起訴されている人がその被害を与える行為をした人なのか。
　この2つです。
　私たちも、この2つのポイントを分けて、評議と評決をしていきたいと思います。
　何かご質問がありますか？　どんなことでも疑問がありましたらおっしゃってください。
　(質問を受ける)

5　第一のポイントについての評議・評決

［第1のポイントについての評議］
　ではまず第1のポイントについての評議をしていただきます。

2．結審後の評議・評決に向けての説示　139

「2006年6月14日午後5時過ぎごろ、甲府市酒折のコンビニエンスストアー・デイリーヤマナシ酒折店の店の中で、販売するために置かれていた『でか字関東道路地図』一冊がなくなっていた」という事実。
　この事実について、この法廷で取り調べた証拠から判断して「合理的な疑いを超える証明」があったといえるかについてお考えを伺いましょう。
　（もし誰も積極的に発言しない時は）
　裁判員N番の方、
　（年齢が若そうな順に、全員一巡するまで意見を聞いて、そのあとで自由討議する。陪席裁判官と自分の意見は、できるだけ裁判員の意見がある程度まとまるまで言わない）

［第1のポイントについての評決］
　では、みなさんのご意見も大体出そろったと思いますので。第1のポイントについての「評決」に入らせていただきます。
　「評決」の途中でも、さっき申しました判断の仕方などで、わからないことや、忘れられたことがありましたら、遠慮なく、何度でも尋ねてください。
　評決のやり方ですが、これは特に決められていません。
　お一人ずつ、口頭で意見を言っていただく方法もありますし、もしご希望があれば、無記名投票でするということも考えられます。あるいは、その両方を組み合わせて、何度かやってみると言うことも考えられます。みなさんのご意見はどうでしょうか[4]。
　（裁判員から特に意見があれば協議の上でその方法による。もし意見が出ないときは、裁判官同士で合議したうえで、上記いずれかの方法による評決をする）

　では、評決の結果を確認させていただきます。
　「2006年6月14日午後5時過ぎごろ、甲府市酒折のコンビニエンスストアー・デイリーヤマナシ酒折店が、販売するために店の中に置いていた『でか字関

---

[4] 評決の仕方が法定されていない以上、評決参加者の意見を聞いて決めるのが民主的司法のあり方だろう。

東道路地図』一冊を万引されるという被害にあった」、（評決の結果によっては「万引きかどうかは別にしても「一冊がなくなっていた」）という事実は
「あった」（なかった）
これでよろしいでしょうか。

☞ 被害事実の存在が立証されなかったとの評決に至った場合

6　無罪評決の確認

ただ今の評決の結果では
「2006年6月14日午後5時過ぎごろ、甲府市酒折のコンビニエンスストアー・デイリーヤマナシ酒折店が、販売するために店の中に置いていた『でか字関東道路地図』一冊を万引きされた」（あるいは万引きかどうかは別にしても「一冊がなくなっていた」）という事実は
「なかった」
という評決になりました。
これでよろしいでしょうか。
そうしますと、そもそも公訴犯罪事実の被害そのものがなかったという事実認定になりましたので、被告人が万引きをしたという事実はありえないことになります。ですから、被告人にはこの事件で無罪判決をすることになります。これでよろしいでしょうか。→ 8 へ進む。

☞ 被害事実の存在が立証されたとの評決に至った場合

7　第2のポイントについての評議・評決

先ほど挙げましたこの窃盗事件についての2つのポイントのうち、
第1のポイント「2006年6月14日午後5時過ぎごろ、甲府市酒折のコンビニエンスストアー・デイリーヤマナシ酒折店が、販売するために店の中に置いていた『でか字関東道路地図』一冊を万引きされた」（あるいは万引きかどうかは別にしても「一冊がなくなっていた」）という事実は
「あった」
と認められるという評決になりました。

[第2のポイントについての評議]

　そこで次に、窃盗犯罪事件についての第2のポイント「その一冊についてこの被告人が窃盗行為をした」かどうかについて、この法廷で取り調べた証拠から判断して「合理的な疑いを超える証明」があったと言えるかについてお考えを伺いましょう。

　(**5**と同じように意見を聞く)

[第2のポイントについての評決]

　では、みなさんのご意見も大体出そろったと思いますので。第2のポイントについての「評決」に入らせていただきます。

　「評決」の途中でも、さっき申しました判断の仕方で、わからないことや、忘れられたことがありましたら、遠慮なく、何度でも尋ねてください。

　評決のやり方ですが、これは特に決められていません。

　お一人ずつ、口頭で意見を言っていただく方法もありますし、もしご希望があれば、無記名投票でするということも考えられます。あるいは、その両方を組み合わせて、何度かやってみると言うことも考えられます。みなさんのご意見はどうでしょうか[5]。

　(裁判員から特に意見がないときは、裁判官同士で合議したうえで、上記いずれかの方法による評決)

☞ 「その窃盗行為をしたのはこの被告人である」が立証されなかったとの評決に至った場合

8　無罪評決の確認

　ただ今の評決の結果では、「2006年6月14日午後5時過ぎごろ、甲府市酒折のコンビニエンスストアー・デイリーヤマナシ酒折店が、販売するために店の中に置いていた『でか字関東道路地図』一冊を万引きされ(あるいは「なくなっ

---

[5] 　第1のポイントでその意見を聞いているので同じでよいという考え方もあるが、判断事項が違えば、評決の仕方を変えたほうがよいという意見もありうるので、再度尋ねるほうがよいだろう。

ていた」)」ことは立証されたが「その窃盗行為をしたのはこの被告人である」ということは立証されなかったという評決になりました。

そうしますと、被告人にはこの事件で無罪判決をすることになります。

これでよろしいでしょうか。

では、以上で、この事件についての事実認定についての「評議・評決」をすべて終わらせていただきました。

そこで、この評決に基づいて被告人に言い渡す判決の内容を確認させていただきます。

「被告人は無罪」

これで間違いないでしょうか。

では終わらせていただきます。長時間ご苦労さまでした。

☞「その窃盗行為をしたのはこの被告人である」が立証されたとの評決に至った場合

⑨ 有罪評決の確認

ただ今の評決の結果では、「2006年6月14日午後5時過ぎごろ、甲府市酒折のコンビニエンスストアー・デイリーヤマナシ酒折店が、販売するために店の中に置いていた『でか字関東道路地図』一冊を万引きされた」という事実、「その窃盗行為をしたのはこの被告人である」という事実がともに立証されたという評決になりました。

そうしますと、被告人にはこの事件で有罪判決をすることになります。

これでよろしいでしょうか。

⑩ 法令の適用の確認

ただ今の評決の結果では、「被告人は、2006年6月14日午後5時過ぎごろ、甲府市酒折のコンビニエンスストアー・デイリーヤマナシ酒折店が、販売するために店の中に置いていた『でか字関東道路地図』一冊を盗んだ」という犯罪で有罪と認められるという評決になりました。

万引きという行為は刑法235条で窃盗罪として処罰されることになります。

被告人にこの法律を当てはめて判決をすることになります。

これでよろしいでしょうか[6]。

11 量刑についての評議・評決

　これまでの事実認定についての評決で、被告人は、公訴事実の刑法235条窃盗罪の事実については有罪であるという評決になりました。

　そこで、この事実についての量刑の評議に移りたいと思います。

　では、この被告人には、どのような刑を言い渡すのがよいのかを、法律で決められた範囲の中から判断していただくのです。

量刑についての説明

　はじめに「量刑」とは何かを簡単にご説明します。

　「量刑」というのは、ある犯罪について有罪と認定された人が、受ける刑を決めることです。

　それについてはまず、何のために刑を決めるかを大まかにご説明しなければなりません。いろいろな考え方があるのですが、刑罰は、犯罪をした人に対して、国家が加える「応報」（平たく言えば「むくい」のようなものですが）であるし、同時にまた、犯罪を犯した本人を改善・更生させて、その人が二度と罪を犯さないようにする目的があります。

　それと同時に、「こういうことをするとこういう刑罰を受ける」ということをひろく社会に報せて他の人が犯罪を起さないように予防する目的がある、とされています。

　この事件でのこれらの目的を考えて、これからみなさんに、被告人に科する刑を具体的に決めて頂くことになります。

量刑についての「評議」・「評決」についての説明

　それをご一緒に考えて決める、量刑についての評議・評決のやり方につい

---

[6] 素人である裁判員に聴くまでもないとも考えられるが、裁判員法2条の規定に従って、陪席裁判官を含めて全員に確認するということにしている。

てご説明します。

[検察官の求刑意見]
　先ほど、「結審」の前に、検察官が「求刑」としてこの被告人に言い渡してほしい刑を「懲役2ヶ月」と言いましたが、これは検察官の主張ですから、私たちはそれを参考にしてもよいが、それに拘束されるものではありません。以下のようにして刑を決めることになっています。

[法定刑]
　はじめに、私の方から、この犯罪について法律で決められている刑の種類と幅についてご説明します。これを「法定刑」と言います。
　この犯罪に対する「法定刑」は、さきほど法令の適用として確認していただいた刑法235条で決められていまして、「10年以下の懲役および50万円以下の罰金に処す」となっています。
ということは、次の3つの中から、刑を選んでいただく、ということです。
　①　まず、懲役刑として10年以下
　懲役刑というのは、この犯罪の刑罰として、被告人を刑務所に行かせることです。
　「10年以下」というのは、最高10年から最低は1ヶ月までという意味ですから、被告人に対するこの事件についての刑罰として、懲役刑を選ぶならば、その範囲での刑を科することができる、ということになります。
　②　2つ目として、罰金として50万円以下
　罰金というのは、被告人から国家にお金を支払わせることで、50万円以下というのは最高50万円から最低1万円という意味ですから、被告人に対するこの事件についての刑罰として、罰金刑を選ぶならば、その範囲での刑を科することができる、ということになります。
　③　3つ目として、①の懲役刑と、②の罰金刑の両方を科すこともできます。
　この3つの刑のどれでも、みなさんのお考えで選んでいただくことになります。

[酌量減軽]
　次に、「酌量減軽」ということをご説明します。

もし、みなさんが、この被告人がこの犯罪を犯したことについて、あるいは犯した後での被告人の反省の程度などの事情を考えて、今ご説明した「法定刑」できめられている最低の刑にしても、重すぎると考えられるときは、「酌量減軽」と言って、最高も最低も2分の1、つまり懲役刑の場合は、5年以下15日以上まで下げ、罰金刑の場合は、最高25万円から最低5000円まで下げて、その範囲で刑を選ぶことができます。
　その範囲でこの被告人に言い渡す刑を決めていただくことになります。

［執行猶予］
　「執行猶予」についてご説明します。
　この被告人には、この事件で懲役と罰金のどちらかの刑罰を選んだ上で、「執行猶予」をつけることができます。
　「執行猶予」というのは、この裁判が確定した日から1年以上5年以下の間でみなさんに選んでいただく期間を決めて、もしその期間内にこの被告人が犯罪を犯すことがなければ、この刑の言い渡しが効力を失う、つまり被告人はその期間を無事に終わると、刑を受けないですむ、という制度です。
　なぜこういう制度があるかと言いますと、特に被告人が刑務所に行くことになりますと、職を失い、場合によっては家族との関係が壊れてしまうなどの大きな害が考えられます。
　その人が初めて犯罪を犯した場合など、そういうダメージを受けることが、被告人から立ち直りの機会を奪って、かえって二度と犯罪を犯さないようにするための妨げになると考えられるからです。
　立ち直りの可能性のある被告人には、今回やったことが刑罰に値する犯罪だったことを自覚させたうえで、二度と犯罪をしないよう更生の道を歩む可能性を与える、というのが執行猶予制度の目的です。
　被告人が犯罪を犯すについて、置かれた立場や、犯罪を犯したあとでの反省の度合いを考えて「執行猶予」をつけるかどうか、もみなさんに決めていただきたいことです。

［量刑についての評議の方法］
　さて、こうして決めた刑の種類と範囲の中で、みなさんに被告人に言い渡

す刑を選んでいただくのですが、それを選ぶについては、具体的なこの事件での被告人の犯罪行為の重さ、軽さ（ここには被告人の犯行が社会や被害者に与えた影響などが含まれます）、被告人の年齢や境遇、犯罪後の被告人の行いなどを考えて決めていただくことになります。

そこで評議の方法ですが、これまで申し上げたこれらの点を、一つ一つ評議して、評決していく方法もありますが、これらの点は、相互に関係しあっていて、切り離して考えるよりは、みなさんに、この事件ではどんなことを考慮して、だからどんな刑を言い渡すのがよいかを、総合してお考えいただいて、その結果のご意見を言っていただき、話し合うという形で「評議」をしていただいてはどうかと思います。

それでよろしいでしょうか。ほかのお考えがあればうかがいます。
（考えを聞く）
では、一応それで進めさせていただきます。

［評決の方法］
みなさんのご意見が、全員で同じ結論になればそれでよろしいのですが、もしご意見が分かれて、これ以上話し合っても一致しないときは、過半数（ここでの過半数は、はじめに言いましたように、最低1名の裁判官を含んでの過半数です）になれば、その刑で、評決になります。

話し合っても過半数にはならないという場合には以下のようにして決めることに法律で決まっています[7]。

まず、みなさんのお考えのうち、被告人に一番不利な意見を、次に不利な意見と足し算します。それでも過半数にならなければ、さらにその次に不利な意見と足し算します。このようにして過半数以上になったところで、最期に足し算されたご意見、つまり被告人に一番有利な刑で、評決があったこととして刑が決まります。

何か、ご質問がありますか。ありましたらどんなことでもご遠慮なく聞いてください。
（質問を受ける）

---

[7] 裁判員法67条2項。

では、これらのすべてを考えて、3種類の刑のうちどの刑を科するべきだと思うか、その刑の決められて幅の中で、いくら、あるいは何日が適当だと思うか、そして執行猶予をつけるか、つけないかを、まず自由に言っていただきたいと思います。
　あるいは、まず、無記名投票で書いていただき、それをもとに評議するほうがよろしいでしょうか？
　（口頭の場合には）ではまずNさんご意見を。
　（無記名投票の場合には開票後）ではまずNさんご意見を。
　（評決を行う）

12 量刑についての評決の確認

　では、ただ今の評決によって、被告人への量刑は、―――という判決をすることになります。
　これでよろしいでしょうか？
　では「被告人を、―――」に処す。

☞執行猶予がつく場合は

　ただし、この判決確定の日から○年間、この刑の執行を猶予する」という判決を確認させていただきます。
　これでよろしいでしょうか？
　ではこれで、みなさんのこの事件の裁判員としてのお仕事はすべて終わりました。
　長い間ご苦労様でした。

第8章 裁判員制度をめぐるあらたな課題
――最高裁の「事前説明案」、「被害者の訴訟参加」、「メディア規制」

　裁判員制度は生成途上にある。本書第1刷刊行の日以後にも、多くの法令の制定を含む変化があった。2007年7月上旬、増刷にあたってそれらの変化を最低限フォローするために、本章に多少の加筆をした。

1. 最高裁の「事前説明案」

　第1章で書いたように、裁判員法は迅速化法の一環としてあまりにも拙速に立法されたいわば穴だらけの法律である。実務的にもとうていそのままでは施行できない。それを補うために、裁判員法の改訂としてなされたいわゆる「部分判決」制度ばかりではなく、最高裁規則（「裁判員の参加する刑事裁判に関する規則　平成19年7月5日最高裁判所規則第7号」と「刑訴規則」の改訂）の形式でなされた立法には、裁判員となる国民、被告人とされる国民の権利義務について規定する事項も含まれていて、行政規則である最高裁規則の範囲を逸脱していないのか検証の必要がある[1]。ただここでは紙数の関係で本書のテーマである説示に関する「事前説明案」のみを考察する。

　最高裁は2007年5月10日刑事規則制定諮問委員会準備会で「基本講座」（説示）ガイドラインをまとめ、5月12日新聞各紙は、最高裁が裁判員に対する「事前説明案」をまとめた、と報道したが、文書のタイトルは単に「39条の説明例」であり、正式には23日開催の刑事規則制定諮問委員会で「参考資料3」として配布、議事録に添付されたにすぎず「規則第7号」の「評議」の章には説示条項はない。紙数もないので以下大きな問題点のみを指摘する。

(1)　裁判員法39条1項には「最高裁判所規則で定めるところにより」と明記

---

[1] 「部分判決」には現役時代はタカ派として知られた元裁判官も「被告人の人権」にも言及して疑問を呈している。大久保太郎「裁判員制度　とりわけ問題多い部分判決」朝日新聞2007年7月11日付朝刊「私の視点」。

されているが、規則の形式をもっていない。多くの注がつけられていて中には「裁判体による工夫の余地が大きいところであり」などの注記もあり、これがあくまでも「例」にすぎず、実際には裁判体が説示内容を決定することになっている。永年説示を行ってきた英米の裁判所でも、説示を個々の裁判官に任せず、裁判官会議などで詳細なモデルを作って与えている。全く経験のない日本の裁判官が、誤りなく、必要な説示を作成することができるかは、第4章2で書いた模擬裁判の実態で見るように、誠に疑問であり、最高裁は法曹三者による網羅的な説示の作成に取り組むべきである。

(2)　最高裁が裁判員に対してするべきすべての説示（本書で紹介したように少なくとも開廷前と結審後のほかに事案によっては審理中にも必要）ではなく、裁判員法39条2項の裁判員の宣誓をさせる前に「裁判員及び補充裁判員の権限、義務その他必要な事項を説明する」（同条1項）もののみである。「前置き、刑事裁判のルールについて、注意事項、まとめ」の4パートから成るが短いもので、中心をなす「刑事裁判のルールについて」は33行にすぎない。「裁判手続の概要については、候補者段階でパンフレット等により事前に情報提供しておいた上で、選任された裁判員に対し39条の説明を行い、各手続及び審理予定の詳細については、手続の進行に応じて各開廷前の時間等に説明をすることが考えられる」としているのだが、そうした内容は重大で、各裁判体で正確にできるとは信じられない。

(3)　以下は「ルール」として文章化された内容に関する問題点を、紙数の関係で大きなもののみあげる。
　①　「検察官と弁護人から証拠が提出されますが」。被告側は証拠提出の義務はなく、提出しないことで不利に扱ってはならないことの明示がない。
　②　「検察官が有罪であることを証明できない場合には、無罪の判断を行うことになります」。「無罪の判断のみをしなければならない」ことの明示がない。
　③　証拠判断について「法廷に提出された証拠だけに基づいて判断しなければいけません。新聞やテレビなどで見たり聞いたりしたことは、証拠ではありません」「検察官や弁護人は、事実がどうであったか、証拠をどのように見るべきかについて、意見を述べます。これも裁判員の皆さんと裁判官の判断

の参考にするために述べられるのであって、証拠ではありません」は良いとして、「証拠としては……（物証や）……証人や被告人の話があります」と証拠の種類を羅列するだけで、最重要である証拠法の基本・自白法則・証拠判断のルール等（本書54〜63頁参照）については何らの説明もしていない。

　④　市民参加の中核である証拠による事実認定の仕方だが「証拠を検討した結果、常識に従って判断し、被告人が起訴状に書かれている罪を犯したことは間違いないと考えられる場合に、有罪とすることになります。逆に、常識に従って判断し、有罪とすることについて疑問があるときは、無罪としなければなりません」としているのは非常に問題で、有罪も無罪も「常識に従って」考えるというのでは、市民はフィフティ・フィフティとしか理解しないだろう。「合理的な疑いを超える有罪の証明」の説明とは異なり大問題だ。

　⑤　67条の解釈　東京新聞は2007年7月15日付 朝刊に「『無罪』過半数でも全裁判官『有罪』なら？……　条文解釈で混乱」と見出しした記事で、裁判員法67条の裁判官と裁判員の「双方の意見を含む過半数の意見による」は、法務省の解釈では、有罪と無罪では違い、有罪判決は裁判官が加わらなければ過半数でもできないが、無罪なら裁判員のみでできる、としてホームページに「新たに解説文を載せ」るとしている。しかしこの解釈は67条の文理解釈だけからでは無理で、従って実務で個々の裁判官が法務省と同じに読むとは限らない。「事前説明案」の「評議」の部分の注記で裁判員に説明するようにとあげているのは裁判員法52条、66条1項のみで67条はない。評議のルールを説明しないで評議することになっており大問題だが、もし有罪・無罪でルールが違うなら、そのことは必ず説示されなければならない。

(4)　以上のほかは、量刑についての評決の法則と「法律の解釈が問題となるときは裁判官が説明する」というだけで審理に関する説明は終わっている。本書の第3、6、7章と比較すれば、絶対的に説示が不足しているのがわかるだろう。これだけの説明で市民に事実認定をさせるのはあまりにも無謀である。本書で述べたように、法曹三者による網羅的な説示モデル作りと個々の事件での当事者の希望を聞いて構成した厳密な説示の実施は市民参加裁判の不可欠の要請だ。

2. 被害者と裁判員制度

(1) 被害者参加制度の急速な導入

2007年6月20日「犯罪被害者等の権利利益の保護を図るための刑事訴訟法等の一部を改正する法律」と関連法が参議院本会議を通過、成立した。

日本政府の憲法改正を中軸とする「強い国家」に向けた旗印である北朝鮮拉致被害者問題をバネとして、被害者の権利拡張は、ここ10年に満たない間に驚異的な増進を遂げたが、そこには世界的な被害者保護法制化とは、異質なさまざまな要素もほとんど論議なしに混入されている[2]。

2001年の「司法改革審議会意見書」では「犯罪者の改善更生、被害者等の保護」の項は僅かに10。抽象的に「被害者やその遺族に対する一層の保護」を述べるにとどまっていたが、2003年7月に「全国犯罪被害者の会（あすの会）」が法務省に「公訴参加」と「附帯私訴」の制度化を求めて以来、被害者を刑事公判に参加させる立法に向けての動きが急速に進んだ。成立した「参加」制度は、被害者が検察官と並んで法廷に立ち、証人、被告人に質問し、論告をして検察官を上回る求刑もできる。国際的にもドイツが罪種を限って行っている類似の制度「公訴参加」以外にはあまり例がないハードな制度だ。

---

[2] 被害者問題が国際的に進展し始めた最初のきっかけは、1964～75年のベトナム戦争帰還兵の戦争によるPTSD問題が新たな被害者観を提起したことにあると言われ、1970年代に西欧諸国に広まっていった。1985年国連「犯罪と公権力の被害者のための司法についての基本原則宣言」Declaration of the Basic Principles of Justice for Victims of Crime and Abuse of Power. A/RES/40/43,29 November 1985は、「犯罪（カテゴリーA）と公権力（カテゴリーB）」被害からの救済を車の両輪として被害者の権利保護を宣言したもので、各国の施策もその本旨に沿って行われた（参加制度の歴史や法制について詳細は五十嵐二葉「被害者を検察官にすることに収斂する被害者運動への危惧」日弁連刑事法制委員会「刑法通信」106号85頁以下〔日弁連刑事法制委員会、2003年〕）。しかし日本での被害者運動は、カテゴリーBは全く無視して犯罪被害のみに特化し、また、警察の主導と助力で進められた（2007年2月23日鹿児島地裁で「鹿児島県議選買収事件」で警察捜査を批判して被告12人に全員無罪判決が出されると被害者運動内で「被害者支援に影響が出る」と心配されたほどだ）ことも特徴で、アメリカの「被害者の権利章典」は警察その他の官吏の被害者取扱についてのガイドラインであるのと対照的だ。また、被害者と加害者が地域住民などの第三者を含めて話し合い、加害者の真摯な謝罪と被害者の癒しを目指す「修復的司法」が国際的には大きな方向性を見せているのに、日本の被害者運動は「被害者と加害者が、法廷でさらに憎しみを深め合うことになりかねない」（被害者問題を進展させる契機にもなった「隼君事件」の被害者の父である片山徒有さんの談話、読売新聞2007年2月25日付朝刊）刑事裁判への被害者参加に向けた一途を辿ってきたのである。

日本では法曹関係者にすら全く知られていず、まして一般国民は聞いたこともなかった「附帯私訴」、被害者の刑事「公訴参加制度」は、被害者運動の先頭に立っている学者さえ「その国の司法制度の基本原則になじむかどうかが大事であるから、諸外国の例を見て、わが国でも同じようにしようなどと主張するのはおかしい」[3]と言ってきた制度だが、2006年9月、日本の司法制度との整合性論議など全くないまま、法制審議会に諮問され、僅か5カ月で2007年2月に法制審を通過、委員も「『ここまで行くとは思わなかった』と異口同音に話した」[4]、その後4カ月で衆参両院を通過させるという従来刑事手続法の立法にはありえない異常な経過だった。安倍政権の参院選への危惧のもと特急で立法された要素もある[5]。被害者の中にさえ反対論がある[6]。成立には、訴訟行為としての性格が不明確な被害者の関与によって生じる被告人の権利侵害[7]を危惧する日弁連の「極めて遺憾」とする会長声明をはじめ、ほとんどすべてのメディアも疑問や懸念を表明した[8]。しかし現在、「あすの会」代表の岡村弁護士はさらに公判前整理手続への被害者参加を求めており、また今秋に法制審で始まる少年法「5年後の見直し」では、被害者の要望を受けて、少年審判にも被害者の意見陳述と少年への質問権導入が審議される見通しだという。

(2)　被害者の公訴参加は刑事証拠法と適合するか

　この制度の導入で、特に裁判員制度との関連で一般に言われている懸念で最も一般的なものは「裁判員が感情に流されるのでは」だが、法律的には

---

3) 諸澤英道「日本における被害者支援団体の課題と展望」自由と正義1998年11月号117頁。
4) 朝日新聞2007年1月31日付朝刊。
5) 豊崎七絵「現代治安政策と『刑事裁判への被害者参加』」(法と民主主義2007年6月号44頁以下)は、この立法を現代型治安政策の一つと考える。
6) 「被害者と司法を考える会」など。
7) たとえばフランスでは2000年に刑訴法に「前置1条」を設けて被害者保護原則を導入＝第6章注7) 96頁＝するに際して、被告人の権利保障の条文をその数倍加えているのとはあまりにも対照的だ。
8) いずれも2007年6月の朝刊で1日付「運用面で議論を」読売新聞、「本質ゆがめる危険も」西日本新聞、2日付「もっときめ細かな論議を」沖縄タイムス、「真に被害者救済になるか」琉球新報、4日付「『求刑』はいきすぎだ」朝日新聞社説、21日付「『裁判員』と同時導入に懸念　公正さ確保へ制度設計急務」西日本新聞、22日付「冷静、慎重な運用を」読売新聞社説、「私的報復に陥らせない工夫を」愛媛新聞等。

そのような皮相な現象面ではなく、以下のように、これが果たして現行の刑事司法制度の中に導入しうる制度なのか基本的に問われなければならなかった。

(a) 「被害者の意見陳述」は当事者の意見か証拠か

　最高裁「事前説明案」は、証拠判断のくだり（上記1の(3)の③）で「検察官や弁護人の意見」について「証拠ではありません」と明言しながら「被害者の意見」については完全に口をつぐんでいる。それは「被害者の意見」を「証拠ではない当事者の見解」とも言えず、逆に「証拠である」とも言えない、つまりそれが刑事手続法の枠組みに組み入れることができない性格のものであることを如実に示している。そのような制度を条文化してしまった。拙速になされた一連の刑事司法改革の基本的な問題の一端がここに現れていることを刑事手続に関わる者は明確に認識しなければならない。

　刑事手続では、被害者関連法は一連の司法改革を待たずに2000年に、証人保護枠での付添い、遮蔽、ビデオリンク、被害者証人特定要素の非開示、被告人の退廷（刑訴法157条の2〜4、299条の2、304条の2）といずれも被告人の防御権を制約する「改革」が一挙に成立施行されたのだが、中でも被害者の公判廷での「被害に関する心情その他の被告事件に関する意見の陳述」（同292条の2）は、それが証拠なのか証拠ではないのかを論じるいとまもなく、刑訴法理論上あいまいのまま導入された。

　問題はこのときに始まっていた。被害者が検察官と並んで訴訟行為を行う主体であれば、その意見陳述は検察官の意見同様「証拠ではない」ことが明確になるのだが、刑訴法に292条の2が挿入された時点では、「参加」は法制化されていず、被害者は訴訟行為主体ではない建前であったために、問題性が見えにくく、実務家や研究者から強い疑問の提起がないまま、この点をあいまいにしたまま立法が行われてしまった。

　しかし、実はその建前であっても292条の2は問題だった[9]。

　証言とはtestifyされた供述であり、反対尋問を経ない法廷供述が証拠で

---

[9] その意見陳述は事件を限定しないから「被害者参加」事件だけではなくその他のどんな事件でも行われ得る。

はないことは、近代手続法での基本的な証拠法則であり、したがって陪審制では欠くことのできない説示事項である（51頁A1-7参照）。日本の現行刑訴法上もこの法則に疑問の余地はない。testifyされない供述である「被害者の意見陳述」とは一体何か。

　裁判官（裁判員も）は被害者の意見陳述からなんらの心証も形成しないのであれば問題にはならないのだが、それでは法廷で意見陳述する意味はない。被害者はもとより裁判に自分の意見を反映させることができると思うからこそこの制度を利用する。

　証拠ではないものから心証形成する。この証拠法則の潜脱を合理化する方法としては「被害者の意見陳述は有罪無罪の実体判断に用いるのではなく、量刑判断のみに関する『自由な証明』の証拠として用いるのだから証拠法に反することはない」と言うしかない。

　被害者の意見陳述が実体判断の心証に影響がないと言いうるのか。心証をそのように分化することができるのかが、まず問題であるが、その点を別にしても、ここで従来の刑訴法理論が「自由な証明」についてあいまいにしてきたことのつけが露呈してくることになる。刑事手続法では、「厳格な証明」が「証拠能力があり裁判所の証拠決定を得て適式な証拠調を経た証拠による証明」と明確に定義付けられるのに対し、「自由な証明」は「それ以外の証明」などという逃げが行われてきた。しかし量刑の心証形成なら、厳格な証明以外のどんな証明でもよいのか。その点の詰めがなされていなかったのだ。

　西欧諸国では、実体判断と量刑判断が手続き上二分されていて、量刑手続で用いられる資料は、たとえばプロベイション・オフィサーの手持ちの記録や証言といった「厳格な証明」以外のものであってもよいとされているのだが、それは被告人の更生・社会復帰のために必要な刑の量定に向けた資料であるというその目的にそった資料である。「被害に関する心情その他の被告事件に関する意見の陳述」（292条の2）はそうした量刑手続の目的によって許される資料なのか。その性格についての基本的論議が全くなされていないのだ。

(b)　被害者のする尋問の性格

　公訴参加を行っているドイツは職権主義法制であり、証人尋問は原則とし

て裁判長が行い当事者は「要求した時」に補充尋問をする（例＝ドイツ刑訴法238条240条）だけで、交互尋問は両当事者が「指名した証人及び鑑定人について」一致して求めた時は行わせるに過ぎず（同239条）実態としても多くないと聞く[10]。附帯私訴制度をもつフランスでは私訴は予審判事に申立て、予審判事が私訴原告人も証人も取調べる（フランス刑訴法85、101条）。日本で導入された被害者による尋問制度は比較法的に特異なのである。

(i) 被告人への尋問

挿入された316条の33で規定する事件の被害者で裁判所によって参加を許された「被害者参加人」は、被告人に対して質問することができる。質問内容は「被害者参加人又はその委託を受けた弁護士がこの法律の規定による意見の陳述をするために必要があると（注＝裁判所が）認める場合」という以外に限定はなく（316条の37第1項）、だから罪体に関する質問もできる。

現在、犯罪の6割が、加害者と被害者に何らかの関係がある場合だといわれる。特に日本ではどちらが最初に攻撃を仕掛けたかを問わず、あるいはけんかなどでも、大きな傷害を負ったほうが被害者として扱われ、他方が被告人となるのが通常で、そのうち正当（過剰）防衛が認められるケースは少ないという実態がある。「被害者参加人」がする質問とは実質は被害者証人と被告人の対質の一部なのだが、被害者だけが質問することを許されるという一方的対質だという事実に注目しなければならない。従来検察官のしてきたこの質問を被害者やその代理人が直接するのは、内容的には、検察官のする尋問では不満である（そうでないならただ自分でしたいからする）ということになる。そのどちらも被告人には明文で許されていない。

(ii) 証人への尋問

証人への尋問内容は「情状に関する事項についての証人の供述の証明力を争うために必要な事項」（316条の36）と限定されている。しかしこの「事項」では、被害者がその事項を直接知っているといい理由とは結びつかない。なぜこの事項に限って尋問できるのか。つまり検察官のする尋問では不満、あるいは「自分でしたいからする」のが許されるのか、理屈に合わない制度だ。

---

10) 類似した制度のオーストラリアについては、第2章注10) 23頁。

(c) 訴訟行為の公正性担保は？

　検察官がする訴訟行為は、公益の代表者としての公正義務ないし客観義務の縛りの上に成り立っている（検察庁法4条）。被害者がする訴訟行為（上記(i)(ii)に加えて、法316条の38による「事実又は法律の適用についての意見陳述」つまり被害者がする論告、求刑など）について、その公正性になんらかの担保はあるのか。仮に民事訴訟で被害者が加害者に損害賠償その他の請求をするときには、原告について特に公正性を担保するべき制度にはなっていないのは、両当事者に訴訟行為上の平等が約束されているからだ。

　しかし刑事訴訟に導入された被害者（とその代理人）がする訴訟行為は、上記の通り、跛行的な被害者優遇の制度だ。被害者団体は「すべて検察官と裁判所の監督の下に行う制度になっている」と言うが、それが真の公正性担保となるかについては運用にかかっていて客観的な保障はない。

(3) 被害者の訴訟参加と裁判員

　上記のような、訴訟法上の疑問を内蔵した被害者の広範な訴訟行為が、特に裁判員による実体判断に与える影響が危惧されている[11]。それは単に「感情に流される」と言った皮相の影響ではない。職業裁判官であっても「被害を受けた者の生の声」から心証に影響を受けないことは、現実にはありえない。まして素人裁判官である裁判員はさらに強い影響を受けることは確実だ。

　意見陳述はもとより、「証人尋問」であっても「質問」と「答え」が一体となって「事実」についての心証を形成する。当該犯罪行為の相手方である被害者が「そのときあなたは私に××したではありませんか」などと質問した場合、たとえ被告人が「いいえしていません」と否定したとしても、被害者自らが質問の内容として「私に××した」事実を述べたことが被害者証言と同様の心象を与える事実となり、これに対する反対尋問はない制度だ。

　この制度のもとで、裁判員制度を導入するのであれば、市民裁判官が受けるべきではないその誤った影響を多少とも減らすための少なくとも次に上げる程度の特別の説示が不可欠だ。この説示は、それを行う職業裁判官にも

---

[11] この立法が「要綱案」となった時、新聞は「導入には慎重な議論が必要」（2007年2月3日付読売新聞）、導入するとしても「真実解明との両立を」（同月2日付朝日新聞）との社説を掲げている。

必要な戒めとなるはずである。

3. 被害者参加制度にともなう必要的な説示

(1) 一般的な「被害者の主張、申立、意見や質問」についての説示
(a) 「被害者の主張、申立、意見や質問」の法的性格
　これらのものは法的に証拠ではなく、被害者の個人的な主張に過ぎないことを明確に説示する必要がある。
　まず本書3章の英米説示との関連で考えてみよう。
　「何が証拠ではないか（S1-4）」（本書51頁）の「次のものは証拠ではないのです。ですからあなた方はこの事件で事実を認定する上で証拠として考えてはいけません。1　法律家たちの申立や主張　2　法律家たちの質問や異議」を修正して、

> 1　検察官・弁護人そして「訴訟参加人である被害者」あるいは「意見陳述を行った被害者」の申立や主張または意見
> 2　検察官・弁護人そして「訴訟参加人である被害者」が証人尋問でした質問や、この法廷でした異議

の程度には必ず説示しなければならない、とする。

(b) 刑事裁判における被害者の本質
　刑事裁判において、被害者は本来事実についての証拠方法である「証人」なのである。被害者の遺族として参加する者は、被害者本人を死傷された「被害」のみについての証人であり、犯罪時に現場に所在して自ら被害を受けた被害者本人は、公訴犯罪事実についての証人である。とくに後者の被害者本人は、主張、申立、意見、質問のいずれを行うときも、その「生の声」が当然のこととして無意識に、裁判員や裁判官に「事実についての証拠」であると受け取られることを免れない。
　そこで英米説示の「証人の信用性（A1-10）」（本書54頁）を必要な手直しをした以下のような形で説示する必要がある。

証言したうえで尋問されるすべての人が証人です。被害者であるＶさんは証人ではなく、Ｖさんのする［した］［主張］、［申立］、［意見］、［質問］は証言ではありません。しかしＶさんはこの事件で起訴されている犯罪事実の現場にいて、被害に遭うという体験の上に立って、ただいまの［これからする］［主張］、［申立］、［意見］、［質問］をする［した］のは自然なことであり、当然のことです。ですから、それを考慮するにあたっては、あなた方が証人について考慮すると同様の考慮をしなければならないのです。

　あなた方は裁判員として、その信用性＝そのことによって私が意味するのは、証人が信用できるかどうかということなのですが＝についての唯一の判断者です。その同じ判断をＶさんのする［した］［主張］、［申立］、［意見］、［質問］についてしなければなりません。

　ここで、あなたがたに証人尋問についてお話した注意を繰り返します。

　あなた方は、どんな証人についても、その証言の、すべて、または一部分、を信じることもでき、あるいは全く信じないこともできます。たとえある証人の証言がそれ自体矛盾していなかったとしても、だからと言って、信じる必要はないのです。ある証人を信用するかどうか、その証人の証言にどの程度の重きを置くかを、あなた方は、理性的に行動して決定しなければなりません。

　ある証人を信用するべきか、その証人の証言にどの程度の重きを置くかを決めるについて、あなた方は、あなたが判断を下すのを合理的に助けるあらゆることがらを考慮しなければなりません。あなた方が考慮しなければならないことがらの中には次のようなことがあります。

　(1)　証言する証人の立ち居振る舞い、行動、外見
　(2)　その証人の知性の程度
　(3)　証人が証言することについて見たり聞いたりした機会について、また能力その能力について
　(4)　証人の記憶の正確さ
　(5)　真実を話さないことについての証人になんらかの動機があるか
　(6)　この事件の成り行きに証人がなんらかの利害関係を持っている

か
　⑺　証人に何らかの偏見があるか
　⑻　証人の正直さについて、何らかの意見や評判があるか
　⑼　証人に、その正直さ又は正確さに関する何らかの犯罪の前科があるか
　⑽　証人の証言の合理性あるいは非合理性、そして
　⑾　証人の証言の首尾一貫性とそれが他の証拠によって裏書されるものか、矛盾するものか

また、「専門家以外の意見（Ａ１−12）」（本書58頁）も説示されるべきだ。

(c)　関係者としての被害者
　刑事裁判において、被害者は本来事実についての一種の関係者なのである。そこで、「訴追されている犯罪の関係者の証言（Ａ１−20）」（本書57頁）を以下のように変えて説示する必要がある。

　　Ｖさんは、この事件で訴追されている犯罪に実際に関係がある方です。Ｖさんの発言が心の動揺を伴うことを考慮しなければなりません。そのことは、こうした発言を、あなた方が勝手に無視してよいということを意味するのではなく、発言のあとですべての証拠に照らして、注意深く、慎重に、あなた方がその発言に与えるべき適切な重さを考察しなければならないという意味なのです。

(d)　「被害者の主張、申立、意見や質問」は弁護人のそれに類似する
　「被害者の主張、申立、意見や質問」は証拠ではなく、上記(a)〜(c)のように特殊な方向性を持つことを避けられない。しかしそれを無視してよいのではなく、どう扱うかについては、英米の裁判官が、弁護人の弁論について、裁判所が弁護人への敬意を失わないようにしながらも、市民裁判官がどのように判断するべきかはきちんと説示する態度が参考になる。

「弁護人の弁論（Ａ１-33）」（本書65頁）の姿勢を踏襲して次のように説示することが有用なはずだ。

> 　被害者のＶさんがこの事件についてあなた方に向けて意見を言われます［ました］。被害者の意見は、あなた方がこの事件を考える一つの考え方として、検察官、弁護人、被告人本人の意見と同じ資格で参考になるものです。Ｖさんの意見は、それらと同じように、証拠ではなく証拠と考えることはできないということは覚えておかなければなりません。Ｖさんの意見が、証拠に基づいているか、私がこの説示の中であなた方に提供する法に基づいているか、を注意深く考慮することはあなた方の義務です。
> 　もしＶさんの意見が、事実あるいは法から外れたら、それは無視されなければならないのです。Ｖさんは誠実に行動しているとしても、公判の間に、事実を再度想起するについて誤りを犯すかもしれません。あなた方は、証拠がこの事件に何を与えたのか、また同様にそこから引き出された事実についての結論は何なのか、を決める人なのです。

(e)　人の嘘についての確証テスト

　この説示は本来3章に入れるべきものだったが（他の多くの必要な説示同様）紙数の関係で入れていなかった。人が述べるあらゆる言葉についての検証のルールとして説示されるべきだ。その中の2)の「それが嘘であること」を確認するために証明手段として「被告人の自認」と「独立した証人からの証言」が並列に置かれていることに注意すべきだ。

> 嘘の確証（Ｅ27-3-22）
> 　法廷の内外で述べられた嘘を嘘として、独立して確認することが可能なのは、つぎの3つのテストを満たしたときでなければなりません。
> 　1）それが熟慮の上で計画的に述べられたこと
> 　2）それが嘘であることが、被告人の自認（一部自白）または独立した証人からの証言によって、明確に示されたこと
> 　3）被告人が嘘を述べた理由は、彼が有罪だということを本当に知っ

ており、真実が明らかになることをおそれたからであること。
　人々は、有罪だからという以外にも、あらゆる種類の理由から嘘をつきます。たとえば、本当である事柄を強めるため、相手の面目を失わせるため、自分の不名誉を隠すためなどです。

(2) 被害者が関わる特殊な事件についての説示

(a) 正当防衛、過剰・誤想防衛主張事件での説示

　犯罪の加害者と被害者が全くの他人同士ではなく、犯罪時以前に何らかの関係がある事件は、全犯罪の6割に上ると言われる。

　英米法の司法では、そうした事件のうち、とくに被告人が犯罪に到るについて、被害者側のファクターをどのように扱うかが、慎重に考えられてきた。以下にその一つを例示する。

被害者の性格（C4-5）

　あなた方は、この被害者の性格［凶暴性、温和な性格等々］についての特化した目的の証拠を聴取しました。あなた方は、こうした証拠を、この事件で被告人が訴追を受けている犯罪の時に、被害者がその特定の性格に従って行動したかどうかを決定するために考慮することができます。

【原注】第9巡回裁判所は、最近、自己防衛事件の被害者の性格が問題となる二つの事件で決定をした。United States v. Saenz, 179 F.3d 686, 687-89 (9th Cir. 1999) (自己防衛を主張する被告人は、彼が被害者の、事件に先立つ暴力的な行動を知っていたことについての立証を、被害者の暴力的な行為を確認するための固有の証拠としてではなく、被告人の心の状態を示す証拠として許されるべきだ、と判示している)、United States v. James, 169 F.3d 1210, 1214 (9th Cir. 1999) (地裁の裁判官が、警察の記録を被害者の性格を確認するための証拠として許容することを拒否したのは誤りであったと認定し、その証拠は被告人の心の状態を示す証拠に限定されないと判示している)、また United States v. Keiser, 57 F.3d 847, 853 (9th Cir.)[12]も見よ。(判示事実は、連邦証拠規則402(a)(2)]は、

---

[12] States v. Keiser, 57 F.3d 847, 853 (9th Cir.)の要旨は以下の通り。法廷は、身体への重大な傷害による殺人での被告人有罪の原判決を維持した。法廷は、地裁の他者防衛についての説示は適切であった、なぜならそれは、被告人が用いた有形力の行使は必要だとの被告人のリーズナブルな所信を含んでおり、そして証言によって、被害者の特別の暴力的性癖を示す傾向そのものを立証することになる裁判所の行為は、適切に避けたからである、と判決した。

> 人がある特定の機会において示されるその性格と合致する行動をしたということを前提とする性格証拠の採用を規制するルールの一例外規定であるということ、被害者の性格証拠は、被害者は彼[13]が訴追されている犯罪の際に、彼がその暴力的な性格に合致する行動を実際にした、ということを陪審に示唆することをまぎれもない目的とすること、である)、516 U.S. 1029 (1995).を確実に否定している。
> 　これらの事例は自己防衛事件において、被害者の性格を示すためにどのようなタイプの証拠が用いられ得るかの問題を取り扱っている。これらの事例は、被害者の性格証拠についての陪審の考察を注意深い言葉によって限定する説示を求めていると言えるだろう。連邦証拠規則404[14]には被告人の性格と被害者の性格についての同種の条文がある。

(b)　性的被害者

　上記「要綱案」では、性的被害者は、「第三　犯罪被害者等に関する情報の保護　一　公開の法廷において性犯罪等の被害者の氏名等を明らかにしないようにする制度　二　証拠開示の際に、相手方に対して、性犯罪等の被害者の氏名等が関係者に知られないようにすることを求めることができる制度」など他の被害者以上に保護すべき対象であるという枠組を用意している。

　しかし外国では、性犯罪は、むしろ本当に被害にあったかどうかを吟味すべき事件のカテゴリーとして位置づけられている。日本でも、痴漢冤罪事件で無罪判決が多発していることに、その性格の一端は現れていると言えるだろう。

　3章の「性犯罪における確証（E16-21／1）」（本書61頁）の「性犯罪における被害者の『直後の訴え』（E4-308）」（本書61頁）は必ず説示されなければならない。

4.　メディアと裁判員制度

(1)　裁判員、当事者の守秘義務と報道

　紙数もないので骨組みだけを言うことになるが、特に裁判員という素人が

---

13) 次の注14)参照。連邦証拠規則404条(a)の(2)に規定する被害者もその犯罪時の行為で訴追されている場合。日本ではけんかなど双方が暴力を行使した場合に、一方を起訴すると一方は単なる「被害者」として扱う場合が多いが、英米法では違う。
14) 連邦証拠規則404条「性格証拠は、行動を立証する証拠としては許容されない（証拠能力がない）」とする本文とその例外である項(a)の(1)(2)(3)と(b)がある。

参入する新システムを契機に、裁判とメディアとの関係を考えるときに、以下のような視点が必要なのではないだろうか。

現代社会では人間の活動の多くがそうであるのだが、裁判というシステムも情報の出入りのシステムなのである。裁判官という法的な情報を事前に持っている「人」に、検察官による起訴に始まって当事者（検察側と弁護側）から「事件の有無」に関する情報が集められる。その情報を「法的な情報」に基づくやりかたで処理した結果、裁判官が発信するのが「判決」という強制力のある特別の情報だ。

メディアという別の情報処理システムは、「司法」という特別のシステムの外にありながら、しかし「司法」との間で事実上やりとりしている情報がある。上記したように立法例のない素人集団として集められる「裁判員」に必要な法的情報を与えるべき裁判所の義務が「説示」なのだが、一方「事件の有無」情報は、司法システム外でも裁判する人に事実上届いている。メディアはその最大の収集と発信をしている責任あるシステムだ。そのメディアの情報のなかには、発信時前になされた（裁判員）裁判の中で（別の事例では市民はどのように情報を受けて、どのように裁判したか）情報も入って、その情報の循環の中でこそ、裁判というシステムは成熟し、有意義に機能する。

しかし裁判員法はこの循環を刑罰を持って禁止する。裁判員制度が立法例のない「ねじれ」を持つ制度であることは第1章で書いたが、この制度にはもう一つ例のないルールがある。裁判員と当事者への厳しい守秘義務である。

最高裁の「事前説明案」は1.で書いたように短いものだが「注意事項」のパートで特に「評議の秘密」を守ることを裁判員に長文で注意して「守秘義務の説明（裁判員法9条）」をすることになっている。

(a) 裁判員等（裁判員又は補充裁判員）に科せられる評議の秘密など漏示罪

「裁判員又は補充裁判員が、評議の秘密その他の職務上知り得た秘密を漏らしたとき」「裁判員又は補充裁判員の職にあった者が次の各号のいずれかに該当するとき。　一　職務上知り得た秘密（評議の秘密を除く。）を漏らしたとき。　二　評議の秘密のうち構成裁判官及び裁判員が行う評議又は構成裁判官のみが行う評議であって裁判員の傍聴が許されたもののそれぞれの裁判官若しくは裁判員の意見又はその多少の数を漏らしたとき。　三

財産上の利益その他の利益を得る目的で、評議の秘密（前号に規定するものを除く。）を漏らしたとき」「裁判員又は補充裁判員が、構成裁判官又はその被告事件の他の裁判員若しくは補充裁判員以外の者に対し、当該被告事件において認定すべきであると考える事実若しくは量定すべきであると考える刑を述べたとき、又は当該被告事件において裁判所により認定されると考える事実若しくは量定されると考える刑を述べたとき」「裁判員又は補充裁判員の職にあった者が、構成裁判官であった者又はその被告事件の他の裁判員若しくは補充裁判員の職にあった者以外の者に対し、当該被告事件の裁判所による事実の認定又は刑の量定の当否を述べたとき」──6月以下の懲役又は50万円以下の罰金（裁判員法79条1、2、4、5項）。

「裁判員又は補充裁判員の職にあった者が（財産上の利益その他の利益を得る目的以外で）評議の秘密を漏らしたとき」──50万円以下の罰金（同79条3項）。

これとは別に、裁判員の氏名等漏示罪も設けられている。

「検察官若しくは弁護人若しくはこれらの職にあった者又は被告人若しくは被告人であった者が、正当な理由がなく、被告事件の裁判員候補者の氏名、裁判員候補者が（選任時の）質問票に記載した内容又は裁判員等選任手続における裁判員候補者の陳述の内容を漏らしたとき」──1年以下の懲役又は50万円以下の罰金（同80条）。

これは裁判員の安全を守るためということなのだろうが、もしそうなら裁判員であった者に暴行・脅迫などを行った者を、司法に対する侵害という点も含めて重く罰すれば良いのだ。

裁判員の氏名を刑罰をもって隠すのも外国にはない制度だ。日本でも現在は、判決書は公的なものとして、誰でも知ることができ、公刊物にも載せることができる。そこには裁判官の名前も明示されている。人を裁いて、死刑や拘禁刑を言い渡すことの責任を明確にしているのであって、市民だといっても、その責任は免れない。氏名を隠さなければ制度を運用できないと考えているなら、どこかおかしいと言うほかない。

異常に厳しい、裁判員であった者への接近禁止規定は、もちろんメディアなどが裁判員にアクセスすることができないようにする効果もある。

そしてこれらの罰則には、その「秘密を知った時」から何年などという期間

の限定はない。立法時に、日弁連などはせめて期間の限定をと提示したが容れられなかった。一度「裁判員等」になり、あるいは一度裁判員裁判に関与した当事者は、一生誰にも（親兄弟にも）自分が裁判員に選ばれて、どういう評議をしたのかという体験を話せない、ということになる。

　この厳しい、裁判者者への接近禁止規制は、裁判員に「なりたくない」理由にもなっている。

(b)　何のために評議の秘密を守るのか

　この網羅的で厳しい罰則は、評議の公正を担保するためと説明されている。なるほど判決言い渡し以前に、市民裁判官に何らかの働きかけをする行為、市民裁判官が自分の心証などを語る行為は、それによって評決に影響を与え得る。そこで判決前には第３章で紹介した「陪審員の行動（Ａ１–３）」（本書42頁）のようなわれわれには厳しすぎると思われるくらい厳しい規制を設け、罰則のある国もあるが、判決が公表されてしまえば、そのおそれはなくなる（名誉毀損等の通常の規制は別であることは日本でも同じだ）。

　陪審員の評議・評決は密室で行われる。公開の法廷（テレビカメラが入ることを許す権限は通常裁判長にあり、アメリカではコート・テレビといって一日中法廷の審理をそのまま流している局もある）で行われた証拠調べや弁論が、陪審員によってどのように評価され、判決に結びついたのか。判決後に陪審員が明かさなければ、わからない。

　しかしその情報は、次の法廷をどう闘うかを学ばなければならない法律家（弁護士と検察官）にとっても、そして本書の第３章で書いたように、日々説示を行い、不断にモデル説示を改定していく裁判所にとっても、重要な職務上の情報だ。

　だからアメリカでは、陪審員がメディアからインタビューを受けてそれを話すことは、裁判の実態を世間に知らせること、裁判批判に材料を提供することであり、公正な裁判制度の維持のために有益だと考えられている。

　日本では最近、長く冤罪事件として再審運動が行われてきた「袴田事件」について、1968年に一審で死刑判決をした静岡地裁で判決書を書いた熊本典道元裁判官が「無罪の心証を持っていて、無罪判決を書き始めたが合議で敗れやむなく有罪判決を書いた」と涙ながらに告白していたと、各紙が一

せいに報じた (2007年3月2日以降)。下級審裁判でも判決書に少数意見を記載するべきだという論議は従来から根強かったが制度化されず、現行裁判所法は評議の「秘密を守らなければならない」(75条2項)とするが、裁判官が「評議の秘密を漏らす」ことに裁判員法で裁判員に科せられているような罰則はない。メディアは「現職であれば裁判官分限法による処分や裁判官弾劾法による罷免がありうる」と言っているが、その明文はない。

元裁判官が「無罪の心証を持っていたが合議で敗れて有罪判決を書いた」と私的に語るのを聞いたことは、筆者も何度かある。いずれも重い事件だからこそ彼等元裁判官にとって生涯の痛恨事となっているのだが、その判決を受けた冤罪の被告人にとっては、痛恨事どころか理由なく命を奪われることだ。

裁判所法の評議の秘密保持条項は、裁判の権威を維持するための制度だろう。しかし袴田事件の例に見られるように合議体3人の意見が分かれながらわずか1人がどちらに組したかによって無罪と死刑が分かれた評議が永遠に密封される制度は「実体的真実発見」と司法の正義を阻害してきたことを直視して、市民参加の裁判員制度の導入を機に少なくとも重大な事件では制度的な解決が図られなければなるまい。

また裁判官には（裁判員裁判実施後も）明白なサンクションは設けられていない一方、市民である裁判員には罰則を科す不均衡も再検討しなければならない。

アメリカでの判決後の陪審員の談話が、当該事件の起訴事実を超えた歴史的真実をあぶり出したことが、日本の読者にまで知らされた事例もある[15]。

日本では、なぜ裁判員に異常なまでの情報規制をするのかを考え直さなければならない。裁判では公開されない関係者の個人情報の漏洩については（筆者などは通常の名誉毀損などの規制でも良いとは思うが）別に規制するとしても、少なくともその他の「評議の秘密」については諸外国並みにするべきだ。

(C) 裁判報道と秘密漏洩

このような異常な情報規制制度から、メディアは公開の法廷で得られる情

---

[15] いわゆる「CIA工作員身元漏洩事件」でイラク戦争反対派へのブッシュ政権によるメディア工作を隠蔽するために形式犯で起訴された当時の補佐官に有罪評決をした陪審員が、陪審を代表して会見し、被告人はスケープゴートだと語った＝朝日新聞2007年3月7日付夕刊。

報以外は、情報を得られないとなると、日本国が戦後初めて試みる市民参加型の裁判制度への検証が非常に阻害される。

とくに、「評議」は、「裁判官と裁判員の協働」の中核である。陪審とも参審とも違うねじれた制度で発足する市民参加、それがうまく行っているのか、どのような問題があるのか、を個々の事件の実態から学んで、制度をほんとうに市民参加の意義が発揮されるように絶えず改善していかなければならないはずだ。そのためにも、言論による検証は不可欠だ。

もうひとつ、日本の裁判員制度では、判決書は裁判官がこれまでどうりの書式で書くことが予定されているようだ（こういう大切なことが裁判員法にはまったく書かれていない）。もしそうなると評議がたどった跡は、判決からは消されてしまう。参加した市民がどのように考えてその判決になったのかが、これでは全くわからない[16]。

評議の結果を正確に反映しない判決、もしかして評議とは違う判決理由が書かれる可能性もある。上記した模擬裁判の報告からは、その危険性を排除できないではないか。

裁判員に「評議の秘密」として緘口令を敷くことは、結果として裁判官が書く「判決書」によって、評議の跡を消してしまうことになる。

裁判報道が、裁判所が公表したい、あるいはしても良いと考える「公式発表」になってしまわないためには「評議の秘密」とする対象事項を、どうしても秘密にしなければならない事項に限定することだ。

例えば裁判員の「誰が」どういう発言をしたと特定することなどがそれにあたるだろう。それ以外の評議の内容＝どのような論点が論じられ、どのようにして判決内容のような評決に到ったのか、は国民に知らされなければならない。それが「司法を国民のものにする」ということであるはずだ。

---

[16] 筆者は、裁判員法廷の判決は、評決に向けて行われた説示を明示して、その説示ごとに得られた評決結果（裁判員と裁判官を含めての数でよいから）を記載した判決書にするべきだと提示している。五十嵐二葉『刑事司法改革はじめの一歩』（現代人文社、2002年）147頁。例えば本書に収録した痴漢事件の模擬裁判での実際の結果を判決書にするなら「被害者Vが被害に遭った事実は認められる」が9対0、「被告人がその行為をしたと認められる」が0対9、「よって本件被告人は無罪との評決に到った」のように記載する。このようにすれば、評議の内容が「裁判官の作文」ではなく判決書に正確に反映され、当事者の上訴するかどうかの参考、法曹の研究の参考にもなる。

メディアがそれを報道できるように、「評議の秘密」についての論議を、報道関係者も法曹も、そして市民自身が、早急に取り組んで行かなければならない。

(2) 報道する者への情報提供としての説示

日本の犯罪報道は、外国に比べて異常に数が多く、しかも捜査報道に偏り、詳細である[17]。事件が裁判段階になると報道の本数も減り、記事は短くなり、そして内容は型どおりになる。公判が開かれた事実のほかには、特に捜査段階で注目を集めた被告人が、どのような「罪状認否」をしたか、これも注目された関係者が証人としてどのような証言をしたか、以外は、検察官の冒頭陳述と論告・求刑（冒頭陳述は「検察官が公判で証明を予定する事実」、論告は一方当事者である検察官の事件についての見解にすぎないのに「検察官は××の事実を明らかにした」と報道する）、裁判所の決定や判決（多くは裁判所から記者クラブへ配布される「要旨」）がほとんどだ。審理の内容に踏み込んだ報道はほとんどない。

これは多数の事件を処理しなければならない記者の目が、そのまま使える情報を提供してくれる裁判所、検察庁という官庁の視点に立つ「単眼」にならざるを得ないという実態から来る結果だ。個々の事件に踏み込んで「複眼」的に分析するための資料が簡単に入手できないのだ。

実は「説示」は、分析的な裁判報道をするための必要にして不可欠の資料だ。

とくにアメリカで、事件の当事者と陪審員に配られる説示のプリントは、記者も簡単に入手できる。起訴状や冒頭陳述とあわせて読むことによって、あらかじめ事件のポイントがわかり、当事者から申請される証人が、どのように証言すれば、有罪・無罪の結論にどう結びつくかが予測できる。そして証人は現実にどう証言するか。これによって記者は奥行きのある記事を書くことができる。

裁判員裁判開始を前に、メディアは「説示」が公開の法廷で行われること、プリントして裁判員と当事者、そして要求すれば報道陣にも配布されるように、

---

[17] 筆者は朝日新聞とニューヨークタイムズの記事を比較して分析した。五十嵐二葉『犯罪報道』（岩波書店、1991年）。

実務化を要求するべきだ。

(3) 裁判員裁判を迎える犯罪報道

　最近さまざまな立法の過程でメディア規制が浮上するが、裁判員法の制定過程でも、まず「裁判員制度・刑事検討会」で2002年7月に「報道問題」が議題とされ、翌年3月「たたき台」として「偏見報道禁止規定」が提案された。同年9月、日本新聞協会が「自主ルールをつくる」ことを条件にこの規定の削除を要請したのを受けて、翌10月井上座長ペーパーで規制の見送りが提案され、そのまま裁判員法が成立した経緯がある。

　しかし新聞協会も、他の業界も未だ「自主ルール」をつくっていない。

　2007年5月、最高裁は新聞協会に対して自白内容を報道することなど6項目の「懸念」（協会側は最高裁から公表しないよう求められているのでここでも詳述できない）を表明し、これについて両者が協議して今年中に結論を出す予定という。

　裁判員裁判と報道について、広く懸念されていることは、これまでのような犯罪報道が続けられれば、素人裁判官である裁判員は、被告人を逮捕と同時に「犯人視」することが常道となっている捜査報道から影響を受けて、「無罪推定」「合理的な疑いを超える有罪の心証を得なければ無罪」という判断をできないのではないか、ということだ。

　実は、職業裁判官であっても、本質は同じであることを、筆者は幾多の事例から知っているが、裁判員裁判を迎える今の時期は、犯罪報道について抜本的に見直すべき稀有の分岐点だ。この時期を逃せば、見直しの機運は当分なくなるだろう。心あるメディア人が、そのことに取り組もうとしている複数の動きを知っている。報道の自由と、裁判の公正を共に護るために、メディアに関わる人達は、ぜひともその動きに参加してほしい。

　前記した公判報道についてもだが、とくに裁判員への影響が大きいと見られるこれまでの捜査報道のありかたをまず見直すことから始めてほしい。

　筆者はビデオリサーチに依頼して、捜査報道のスタイルと、その「犯人視」効果の関係について社会調査をしたことがある。分析結果の一部だけしか公表[18]できていないのだがごく簡単に紹介すれば、ある被疑者が、ある容疑で逮捕されたという骨組みの事実だけを報道する短い記事からは、犯人視が生

じる比率は少ないということができる。それでも有罪率99％台を割ることがないこの国の現実から「逮捕された者＝真犯人」という基本的な方向性は免れないのだが、それは報道固有の問題ではないので、少なくとも犯人視の色彩をもつ詳細な報道を避けることがまず必要だということは言えるだろう。

　この調査結果にも現れているのだが、一部のメディアが実験的に努力したことがある「容疑者の言い分報道」＝従来型の捜査機関からの詳細な情報とともに「容疑者の言い分」も報道するという手法は、あまり効果がないと思われる。また、例えばアリバイがあるという「言い分」が捜査側に知られることによってアリバイつぶしをされるなど、弁護に支障を来たす実態もある。

　しかし骨組みの事実だけを報道する短い記事（本記と呼ばれる）だけにすることは、これまでの習慣から不可能なのが事実だろう。もしそれを前提に「犯人視」を減じる方法を考えるなら、イギリスで1981年裁判所侮辱法2条の判例法の積重ねの中から抽出される法廷侮辱つまり裁判を誤らせる危険のある心証形成をさせることになりうるカテゴリーに入る事実を報道の中に入れないということだろう。それを3つにまとめた研究[19]がある。

① 　被疑者・被告人の人格の論評
② 　被告人によりなされた自白の暴露
③ 　特定事件の評価に関するコメント又は論評

これらを避けるということなら、できるのではないだろうか。

　裁判員制度実施を理由に、報道に対して法規制や行政による規制が行なわれることは、他の理由による同様の規制の口火を切ることにもなりかねない。

　現在の日本は、司法制度改革の名による膨大な規制が、当事者も驚くほど簡単に実現される。言論・報道規制だけは避けたい。そのためにメディアの行動に期待したい。

---

18) 五十嵐二葉「犯罪報道が読者・視聴者に与える被疑者＝犯人視効果」新聞研究510号（日本新聞協会、1994年）58頁以下。
19) ブレンダ・スフリン（本間一也訳）「陪審裁判と報道の自由」鯰越溢弘編『陪審裁判を巡る諸問題』（現代人文社、1997年）297頁以下。

五十嵐二葉(いがらし・ふたば)

1968年弁護士登録。東京弁護士会所属。1992年3月から2002年3月まで一橋大学法学部兼任講師、2004年4月から2007年3月まで山梨学院大学法科大学院教授。著書に、ベッカリーア『犯罪と刑罰』(共訳、岩波書店、1959年)、『代用監獄』(岩波書店、1991年)、『犯罪報道』(岩波書店、1991年)『刑事訴訟法を実践する』(日本評論社、1996年)、『テキスト国際刑事人権法』(信山社、1996年)、『同　各論』(信山社、1997年)、『刑事司法改革はじめの一歩』(現代人文社、2002年)などがある。

説示なしでは裁判員制度は成功しない

2007年4月10日　第1版第1刷発行
2007年8月20日　第1版第2刷発行

著　者　五十嵐二葉
発行人　成澤壽信
発行所　株式会社 現代人文社
　　　　東京都新宿区四谷2-10 八ッ橋ビル7階 (〒160-0004)
　　　　Tel.03-5379-0307 (代) Fax.03-5379-5388
　　　　henshu@genjin.jp (編集) hanbai@genjin.jp (販売)
　　　　http://www.genjin.jp/
発売所　株式会社 大学図書
印刷所　株式会社 ミツワ
装　丁　加藤英一郎

検印省略　Printed in JAPAN
ISBN978-4-87798-334-5 C2032
©2007 by Futaba IGARASHI

本書の一部あるいは全部を無断で複写・転載・転訳載などをすること、または磁気媒体等に入力することは、法律で認められた場合を除き、編著者および出版者の権利の侵害となりますので、これらの行為を行う場合には、あらかじめ小社または編著者宛てに承諾を求めてください。

新たな司法制度を展望する現代人文社の書籍

刑事司法改革はじめの一歩
裁判員制度導入のための具体的モデル

五十嵐二葉●著

裁判員制度の成否は刑事司法改革による。

現行の刑事手続のままでの裁判員制度導入はかえって弊害を生む。国民の司法参加システムが成功するための必要最低限の制度改革を、手続の段階ごとに提言。

並製　A5判　168頁　2100円（税込）

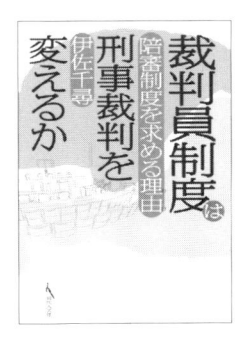

裁判員制度は刑事裁判を変えるか
陪審制度を求める理由（わけ）

伊佐千尋●著

市民が「お飾り」になる裁判員制度に異議あり！

裁判員制度の数々の疑問を明らかにするとともに、陪審制度と比較して、裁判員制度が真の刑事司法制度改革につながるのかを考える。

上製　四六判　264頁　1785円（税込）

誤判を生まない裁判員制度への課題
アメリカ刑事司法改革からの提言

伊藤和子●著

裁判員制度改革への緊急提言！

このままでは、裁判員制度は誤判の温床になる。誤判を防ぐための刑事司法の改革が、いま必要である。誤判を防ぐためにさまざま改革を進めているアメリカ刑事司法に学ぶ。

並製　A5判　216頁　2100円（税込）

お近くの書店か小社ウェブサイトまたは書籍購入サイトにてお求めください。

現代人文社

〒160-0016　東京都新宿区信濃町20　佐藤ビル201
電話：03-5379-0307　ファクス：03-5379-5388
Eメール：hanbai@genjin.jp
ウェブサイト：http://www.genjin.jp/